李儀祉先生年譜

胡步川 著

河海文库

河海大學出版社
HOHAI UNIVERSITY PRESS
·南京·

图书在版编目 (CIP) 数据

李仪祉先生年谱 / 胡步川著. —— 南京 : 河海大学出版社, 2019.12

ISBN 978-7-5630-6168-6

Ⅰ. ①李… Ⅱ. ①胡… Ⅲ. ①李仪祉 (1882–1938) —年谱 Ⅳ. ① K826.16

中国版本图书馆 CIP 数据核字 (2019) 第 245834 号

书　　名	李仪祉先生年谱
书　　号	ISBN 978-7-5630-6168-6
总 策 划	张　兵
本书策划	王　平
策划编辑	朱婵玲
责任编辑	彭志诚 周　贤
责任校对	张　媛
封面设计	槿容轩
装帧设计	徐娟娟　黄　煜　杭永红
出版发行	河海大学出版社
地　　址	南京市西康路 1 号 (邮编：210098)
电　　话	(025) 83737852 (总编室) (025) 83722833 (营销部)
经　　销	江苏省新华发行集团有限公司
印　　刷	南京工大印务有限公司
开　　本	787 毫米 ×1092 毫米　1/16
印　　张	8.5
字　　数	250 千字
版　　次	2019 年 12 月第 1 版
印　　次	2019 年 12 月第 1 次
定　　价	85.00 元

微店二维码　京东二维码

天猫二维码　淘宝二维码

河海大學李儀祉先生

序

“钟灵毓秀石头城，人才蒸蔚起。河疏湖蓄水利兴，工学昌明时。”

1915年，在“实业救国”“教育救国”的浪潮中，中国近代著名实业家张謇高瞻远瞩，创办了河海工程专门学校。这是中国历史上第一所培养水利技术人才的高等学府，开拓了中国水利高等教育的先河。

自学校成立以来，河海的先贤们筚路蓝缕，艰苦创业，将中国古代治水经验和西方先进的水利技术相结合，培养了大批水利英才，奠定了许多著名高校水利系科的办学基础。在此基础上，1952年，组建了新中国第一所水利学科门类齐全的华东水利学院，一时间，大师云集，学科群起，实力倍增。1985年恢复传统校名河海大学，河海人怀着“毋负邦人期”的初衷，更加奋发蹈厉，在教育的版图上开疆拓土，使学校发展成以水利为特色，工科为主，多学科协调发展的教育部直属全国重点大学和实施国家“211工程”重点建设、国家优势学科创新平台建设、一流学科建设以及设立研究生院的高校。

一百多年来，学校虽几经变更，但河海人治水兴邦的使命担当和“艰苦朴素、实事求是、严格要求、勇于探索”的优良传统却一脉相承，代代相传；一百多年来，学校在治水兴邦的奋斗历程中不断发展壮大，被誉为“水利高层次创新创业人才培养的摇篮和水利科技创新的重要基地”。

巍巍上庠，群贤继踵，人才辈出；河风海韵，百年流芳，气象泱泱。新时代，学校立足于“双一流”建设的新起点，擘画出更加宏伟的发展新蓝图。为了绍继前贤、启迪后学，学校经研究决定，汇集并遴选本校历史上以及当今知名教授、学者的学术著作，编辑出版《河海文库》。

《河海文库》所收学术著作，应是河海大学自建校以来在本校任教或求学，并在学界或业界具有广泛影响的著名教授、学者、专家的代表性作品。一百多年来，多少赫赫名师、菁菁学子，汇聚在清凉山麓、常澄路畔、将军山下，弦歌不辍，云蒸霞蔚。百年岁月长河，流逝了一代代河海人的辛勤汗水，却流不尽一代代河海人薪火相传的“河海精神”。这种“河海精神”不仅彰显于各个不同时期广大河海师生员工的工作生活和精神风貌中，而且更加集中、典型地凝聚在一代又一代名师硕儒、学术大家和业界精英的创造性成果和代表性作品中。遴选、出版他们的著作，虽然只能反映其学识品行、道德文章于万一，但对于科学的发展、文化的传承、学术的张扬、学风的垂范具有不可估量的价值，对于激励后学诸子、弘扬“河海精神”，具有弥足珍贵的意义。

出版說明

《李儀祉先生年譜》，胡步川著。成書於一九四八年秋，因時局所限，當時只能以油印本刊行。時隔三十餘年，二十世紀八十年代，為紀念李儀祉先生百年誕辰，國內兩家出版機構先後出版了此年譜，使胡步川先生的這部遺著得以面世。時至今日，這部年譜仍是研究現代水利先師李儀祉先生最重要的史料來源。

胡步川（一八九三—一九八一），字竹銘，號步川，以號行。浙江省臨海人，中國現代著名水利專家。一九一七年考入南京河海工程專門學校，師從李儀祉先生。後追隨李師赴陝興修水利逾三十年。胡步川少讀私塾，深受中國傳統文化濡染，從《李儀祉先生年譜》凝練之語句，可窺其淵深的國學根底。其一生長於詩詞，擅書法繪畫。撰著還有《雕蟲集》等。

此次重訂出版，在油印本的基礎上，我們做了如下工作：一、用現代科技，將年譜的油印本完整呈現以饗讀者；二、把胡步川《雕蟲集》中紀念李儀祉先生的部分祭文、詩與挽聯，集中起來予以發表；三、選擇的三十余張與李儀祉相關之照片，均為胡步川所拍攝並保存。

本書把胡步川與李儀祉相關聯的史料，集中整理編輯，作為附錄予以出版。特此說明。

二〇一九年十二月

編輯綴言

民國三十六年（一九四七年）六月六日，水利部開全國水利行政會議於南京，曾決議編印《李儀祉先生全集》，由陝西水利局集稿之案。又陝西水利局於抗倭戰中，在敵機轟炸聲裏，恐先生遺稿散失或成劫後餘灰，曾急就章倉卒編印《李儀祉先生遺著》石印本，然必須再加整理，妥爲箋注，俾全集本事綴述稍詳，並照編年制重新排列，或可免闕文之憾！爰於是年冬，由編者於辦公之餘開始工作，並由傅建哉襄助。經本年春夏至秋仲完成。復覺有餘力，即編輯先生年譜，至十月十日脫稿。每當挾筆肆書之時，常憶先生畢生事業，以陝西水利局爲根基，然後及江淮河濟，但抗倭戰起，後者多被破壞，惟陝西水利巍然無恙。且在陝工作同人鍥而不捨，踵事增華。計自民國十一年進行以來，至十九年開始施工，到於今已近三十年歷史，其成績對大戰中軍需民食不無小補。但水利工程創始固難，守成亦不易。而際此亂世，其破壞性爲尤烈。論者謂鄭國渠之遠大規模，系被破壞於楚漢分爭之時，不爲無據。吾人在驚惕之中固守崗位，各有護渠之責，深望李先生畢生事業碩果僅存之陝西水利，得於狂風駭浪中渡過彼岸，而永久垂惠於人民也。

民國三十七年（一九四八年）十月十日浙東門人胡步川謹識

目錄

與師詩……六九

李儀祉先生年譜

引言

先生姓李氏，諱協，字宜之，後改儀祉，陜西蒲城縣富原村人。累代清白傳家，世有隱德。祖父蔚然，祖母王氏，業農。父桐萱，爲關中宿儒，晚年好佛，造詣極深。母馬氏。伯父仲特，精數學，富著述，晚清時以古學名家。兄約之，後稱約祉。弟知祉，妹文祉，夫人張孟淑，長子賦寧，次子賦洋。先生終身盡職於水利事業，幼而學，壯而行，老而成，綜其犖犖大者：計從事水利工程教育凡十年，門人遍國中，成績斐然；從事江河治導工程凡九年，澤被十七省，救濟災民無算；從事灌溉工程凡十五年，灌田三萬頃，惠普三秦。而孝友成性，志行高潔，熱心公益，正直敢言，聰穎過人，好學不倦，學識淵博，著述宏富，待人和易，治事精嚴，臨終猶以科學治水爲念。在當時爲水利界泰斗，中外重視，歿後爲百世楷模者矣。

清光緒八年（一八八二年）一月初三先生生。

九年（一八八三年）先生年二歲。

十年（一八八四年）先生年三歲。

十一年（一八八五年）先生年四歲。

十二年（一八八六年）先生年五歲。

十三年（一八八七年）先生年六歲。

十四年（一八八八年）先生年七歲，始識字。

十五年（一八八九年）先生年八歲，到永豐鎮從伯父讀書。

十六年（一八九〇年）先生年九歲，從劉時軒先生讀毛詩。

十七年（一八九一年）先生年十歲，從劉時軒先生讀四書五經，始學作詩作論。

按：劉時軒先生爲陝西三原賀徵君復齋高足，於學生言行必繩以禮法，先生一生德器蓋基於此。又承父桐萱公、伯父仲特公庭訓，文學及數學皆大進。然先生對舉業文字謂：「不求有用實學，顧乃溺思淪精於此，吾不爲也。」

十八年（一八九二年）先生年十一歲，從父在家讀書，學作八股文八韻詩，但不當意。

十九年（一八九三年）先生年十二歲，從父至縣城應縣試。

二十年（一八九四年）先生年十三歲，從父學《九數通考》。

二十一年（一八九五年）先生年十四歲，從父學《西學大成》及《梅氏叢書》，再應縣試。

二十二年（一八九六年）先生年十五歲，從父至同州府應府試，與新村張氏訂婚。

二十三年（一八九七年）先生年十六歲，從伯父學幾何代數四元八線及諸子百家，應縣試錄取。

二十四年（一八九八年）先生年十七歲，至同州府應仁和葉伯皋大宗師案試古場，考取第一名秀才，兄進第七名秀才。玉笋聯芳，恰如仲特、桐萱二公於光緒四年同入泮者相若。繼兄弟同被拔爲崇實書院上舍生。是年娶妻。

按：先生《自傳》中有云：「我們考算學幾何代數，都做對了，居然高高錄取。正場八股胡謅一場，也不在乎。李氏兄弟算學之名大震關中」云云。而先生名列第一，尤以爲喜。

二十五年（一八九九年）先生年十八歲，肄業崇實書院，學英文、算學，旋以年荒輟學。是年先生母馬太夫人逝世。仿嚴幾道《天演論》，著《權論》及《神道設教辟》。

二十六年（一九〇〇年）先生年十九歲，經庚子之亂，返涇陽崇實書院，組織天足會。學使嘉興沈淇泉選先生入宏道學堂，以不屑事舉子業，請假回家。作《女子不纏足歌》。

二十七年（一九〇一年）先生年二十歲，入關中學堂，與張季鸞爭列前茅，習英、日文，著譯岡田雄治《日本國史》。

二十八年（一九〇二年）先生年二十一歲，仍在關中學堂，以不滿意功課，印傳單指陳之。是年先生祖母王太夫人逝世。

二十九年（一九〇三年）先生年二十二歲，時學使沈淇泉南歸，先生應商州中學堂堂長于右任招，赴商州爲中學堂教員。

三十年（一九〇四年）先生年二十三歲，時于右任以著《半哭半笑樓詩草》被當道嚴緝，先生乃辭商州中學堂教職回家。尋與兄同考入京師大學堂（注：北京大學前身），赴北京入預科德文班。

按：先生於是年家書中有云：「兒之志欲以哲學爲終身之成名，以工學爲平日之生計。」考終先生之世，雖以工學成名，然非研究哲學有素者，或其名不能如斯之高且遠也。

又按：先生記于右任之《獲罪篇》中有云：「有忌右任者，將其《半哭半笑樓詩草》及被髮握刀影片獻於陝省憲，即行文三原縣密捕。該縣令爲旗籍德銳，謀諸儒學教諭王友益，王與余兄約之善，曾洩其事。兄急與程博九謀救，覓一急足者送信千里至汴，限九日達。右任即遁跡上海，次晨邏者始至。」

三十一年（一九〇五年）先生年二十四歲，在校極用功，各種學業進步甚快。是年先生祖父逝世。

三十二年（一九〇六年）先生年二十五歲，肄業京師大學堂。日俄戰起，國中預備立憲，革命風聲緊。

按：先生於清光緒三十一年，爲反對中美條約，上王侍御仙洲書中有云：「天下事以千萬人之力成之而不足，以一人敗之而有餘。歷觀歷史，從古如斯，但不意此等事乃見於先生。先生不爲全國人民計，獨不爲一身名譽計乎？」即此數語，足見先生少年剛鋭之氣，溢於言表。

三十三年（一九〇七年）先生年二十六歲，肄業京師大學堂。

三十四年（一九〇八年）先生年二十七歲，肄業京師大學堂，從師與同班同學到漢口、漢陽、大治、武昌各處旅行，參觀各工廠、學校、礦山。

清宣統元年（一九〇九年）先生年二十八歲，京師大學堂畢業，派某部錄事不就，譯《平面幾何學》。由西潼鐵路籌備處派赴德國留學，道經上海與劉夢錫、嚴敬齋、吳希珍等爲友，始剪去髮辮。是年七月放洋，經福州、檳榔嶼、錫蘭島、蘇彝士河、開羅、英國海峽，由比利時登陸往柏林，報入皇家工程大學土木工程科，攻鐵路、水利，甚勤奮。除讀書外，最喜遊覽風景，並以獨遊爲樂。同學中送先生徽號曰「聖人」，而先生自號曰：「葫蘆」。

按：先生《自傳》中有云：「我是除用功外最喜遊覽，即覓不得伴，也常以獨遊爲樂，並且覺得獨遊勝於同許多人一塊。寂寞之中且有天然的景象作伴，常常一個人星期日攜一本書到樹林中睡覺。嘗吟曰：「一卷相隨勢不孤，林中偃臥鳥相呼，醒來神識忽顛倒，誤認青天作碧湖。」即此四句詩足見先生課餘時之心情。

二年（一九一〇年）先生年二十九歲，求學德國，與馬君武等爲友，同遊巨人山及德、奧、瑞典等處風景區。課餘以德人提倡佛學，出雜誌。先生嘗作《耶佛是非之辯》，譯《佛學問答》，作《涅槃解》，又作《新閨怨詩》。

按：先生於清宣統二年，致胞兄書中有云：「德人力閔脫者，福音教人，詢弟何教？答以佛，竭力勸弟改爲福音。與之辯二教之優劣，伊勿能勝，惟云佛以寂滅爲主，引人入不幸。駁曰：耶以求福爲主，貪妄之所由生，求而獲則我幸人不幸；求而不獲則我更不幸。佛之歸點曰無幸無不幸，所以云爾者，人世之幸不幸不足以形容之也。」又云：「弟本非佛教，胡以佛教應？緣近世民賊，動據孔說以諂上虐下，弟不屑與爲伍。中國危亡之機盡人皆知，而近曰其機若不可終日」云云。

又按：章太炎設立宗教論中，以耶爲獨神教，道爲多神教，佛爲無神教，惟其無神，故見其大，故能超脱一切，包容一切。先生言良有以也。

三年（一九一一年）先生年三十歲，求學德國。春假中與蕭友梅等參觀萊比錫建築工程博覽會，暑期實習於法蘭克福O.M.鐵路局。是年秋，國中大革命，公收束行李，攜槍彈回國參加。乘車經瑞士、義大利，始乘船與張繼等同歸。抵滬，則浙軍已定金陵。軍政府派先生爲津浦鐵路局長，陝督舉先生爲省參議員，均不就，隻身西歸省親。

中華民國元年（一九一二年）先生年三十一歲。先生於元宵前旬日自上海西行，至河南硤石遇盜，作《硤石遇盜記》。感於當日武士驕横，庸流闒茸，乃倡辦三秦公學，並掌教課。

二年（一九一三年）先生年三十二歲，於二月三日再赴德國求學，以竟其業。曾與郭希仁偕行，由俄而德而法而比、荷、英、瑞諸國，考察河渠閘堰堤防，相與慨吾國水利之頽廢，毅然有振興之志。既而郭希仁歸陝，囑公專研求水利繼鄭白事，乃專攻水利一科。

按：先生是年與郭希仁同遊歐洲，爲先生復興陝西水利之起點。讀先生《祭郭希仁先生文》及《序郭希仁遊歐日記》二篇，即可見陝西水利局創業垂統艱難之史跡。兹錄先生當時與郭希仁同遊德國四林湖墳園譯詩云：「君輩今若何，吾輩昔亦若。吾輩今若何，君輩將勿脱。」可謂詩讖。編者以其攸關陝西水利頗巨，爲重譯云：「負後死之責，循先賢之跡，後人之視今，亦猶今視昔。」

三年（一九一四年）先生年三十三歲，仍在德國求學。著《甲寅修學旅行記》。

四年（一九一五年）先生年三十四歲，值世界第一次大戰，學成歸國。時張季直創辦河海工程專門學校於南京，延先生爲教授。一切課程編制多出先生手，課餘對中外治河書籍窮搜博覽。

著《最小二乘式實用微積分》。

按：自是年起爲先生從事水利工程教育時期。其後八年中皆以掌教河海工程專門學校爲主，貫注精神，樂育不倦。窮搜中外治河書籍，礦物標本、建築材料，製作各種河工模型。赴國內各河流域視察形勢，著爲文章，用作課外教材。而先生之學不限於水工，凡天文、氣象、地質、數理、史地以及文藝、宗教，莫不深入堂奥，故其培植學生多有成績，今日國内得有如許水利人才，及舉辦如許水利事業者，信非偶然。

五年（一九一六年）先生年三十五歲，掌教河海工程專門學校。每授課除教課書外，羅列參考書甚多，學生多稱善教。

著《水工學》《諸模術》。

六年（一九一七年）先生年三十六歲，仍掌教河海工程專門學校。值華北大水災，乃率學生查勘河北五大河及海河，歷時半載，收穫極豐。整理所得用作教材，並製作各種河工模型，用資實驗。是年長子賦寧生。

七年（一九一八年）先生年三十七歲，除掌教河海工程專門學校外，兼任南京高等師範及上海同濟醫工專校教課。每四季假日，即率學生作林學旅行，常登紫金山最高峰、棲霞山絕頂、牛首山天闕峰，寓言志論事及採礦勘地質於遊覽風景之中；從者有沂水春風之樂。

著《潮汐論》《水工試驗》《土積計算截法》及《實用水力學》。

八年（一九一九年）先生年三十八歲，掌教河海工程專門學校，率河海學生參加五四運動，主持正義。

著《工程家之面面觀》《森林與水功之關係》。

按：先生於是年發表《工程家之面面觀》，文中有云：「一般青年學生醉心於德謨克拉西，以服務社會自任，社會救星自命，改良社會爲目的。那知要爲社會盡一番責任，再無工程家易於爲力。」又云：「實行愛國，惟有工程家做得遠大；實行打倒帝國主義，亦惟有工程家做得結實」。又引大禹治水，將整個中國由水裏救出來，足見其功業之大，可謂語重心長。

九年（一九二〇年）先生年三十九歲，仍掌教河海工程專門學校，兼南京高等師範學校課。是年次子賦洋生。

著《電力採水器》《土壓力》《固體物質在水中行動》《黃運交會諸問題》。

十年（一九二一年）先生年四十歲，仍任河海工程專門學校教授，兼南京高師課。中國科學社舉先生爲董事，凡社中設備及章則，多由先生經手擘劃。以束脩所得，送侄賦京赴德國留學。率河海學生至大冶及武漢三鎮，參觀工廠、礦山。

著《修建計劃之討論》《五十年來中國之水利》《北五省旱災之主因及其根本救治之法》《德國水官制》。

按：先生一生廉潔自持，自奉甚薄，而孝友成性，視侄如子。其於清宣統元年致胞兄書中有云：「弟之耽擱，以嫂自縣歸，病體莫支，醫藥經營，種種需人。弟行時已見其實無可望，大概不出半月之內，衣衾棺槨已預備妥貼，不必掛念。林林日夜依其祖母頗馴適，都都愚騃尚含怡笑躍，惟京京知啼哭令人酸鼻。嗟嗟！吾兄弟失恃早，觀諸兒情狀，憶往感昔，五內欲裂矣。」又民十七年復友人趙玉璽寶山書中有云：「年來兩侄留學，負債甚多，正欲作苦數年，還清夙負，刻大侄已歸，二侄已不久返程，國中失一老朽之留學生，而得嶄新之二留學生，家中去無能之子而獲二克承之孫。」即此足見先生心情憂樂之所在。

十一年（一九二二年）先生年四十一歲，上半年仍任河海工程專門學校教授，兼高等師範學校課，兼任南京鼓樓公園工程師，送侄賦都赴德國留學。下半年任陝西省水利局局長，籌劃關中水利，兼陝西渭北水利工程局總工程師，進行引涇溉田、實測地形及水文工作。

著《黄河根本治法商榷》《論引涇》《再論引涇》。

按：自是年起，爲陝西水利事業進行時期。然兵變陝亂，年荒財盡。歷六年之困苦艱難，雖計定涇惠渠碩劃，而不能實施工程。先生於十七年復趙玉璽寶山書有云：「弟自十一年回陝，鄉人之屬望愈切，弟心神之苦痛愈甚。荏苒光陰，去我如矢，前後五年終無一事可以慰我鄉民者。去春馮公來，注意鄭白，弟行谷口，遍告鄉中父老，謂鍤雲抉雨，不日可期。無如時期未至，終爲畫餅。於是弟羞見父老。」又云：「陝西父母之邦，弟何愛於塗山，遂忘涇渭，果當局有興工之決心，聚集可靠之經費，弟亦不再爲局長，但畀以工頭之職，畚鍤逕施，弟即奮然歸矣。」又云：「引涇之事，時局負我，我負希仁。他日干戈戢戢，政府有意興辦，尚欲高陟仲山之頂，望小子輩努力成功也。」其對陝西水利期望之切，負責之重，用人之專，百折不撓，矢志靡他，信不可及。

十二年（一九二三年）先生年四十二歲，仍任陝西水利局局長，兼渭北水利工程局總工程師，推進引涇預備工程；兼任陝西省教育廳廳長，倡辦水利道路工程專校，並籌劃陝西全省教育及振興文化事宜，查勘渭河及黃河水道。

著《考察龍洞渠報告》《勘測黃渭航道報告》《涇惠渠之首功郭希仁》《陝西渭北水利工程局引涇第一期報告書》《水利道路工程技術傳習所改組水利道路工程專門學校宣言書》。

按：先生所創辦陝西水利道路工程專校，系由水利道路技術傳習所改組後，復改隸國立西北大學工科，爲陝西省造就水利道路人才之唯一學府。應當時以經費困難，因陋就簡，及後逐漸擴充。嗣後八年，復創辦陝西水利專修班，後改爲國立武功農學院農業水利系，則設備更好。至今所有畢業學生，多爲陝西省水利技術之基本人員矣。

十三年（一九二四年）先生年四十三歲，仍任陝西水利局局長及渭北水利工程局總工程師，兼任國立西北大學校長，擴充大學設備，培植西北最高學府專才。倡設陝西古物保管會，復振興陝南水利。是年冬，渭北水利工程設計完竣，在長安開渭北水利工程展覽會。

著《勘察涇谷報告書》《陝西渭北水利工程局引涇第二期報告書》《引涇第一期工程計劃大綱》《我之引涇水利工程進行計劃》《請撥庚子賠款以興陝西引涇水利說帖》《工程上的社會問題》《重農救國策》。

十四年（一九二五年）先生年四十四歲，仍任陝西水利局局長，兼西北大學校長。陝局變亂，關中及陝南水利工程以乏款停頓，先生多致力於西北大學。是年冬，赴京、津、滬、寧等處籌措引涇工款及擴充西北大學經費。

著《溝洫篇》。

十五年（一九二六年）先生年四十五歲，仍任陝西水利局局長，兼西北大學校長。長安圍城八月，先生欲赴湯蹈火，叩潼關歸秦而不可能。乃兼任北京大學教授，旋回河海工科大學講學。是年夏，西北大學工科學生畢業。冬回陝，當道任以陝西省建設廳長，堅辭不就。

著《自傳》《上新河江堤合龍記》《太湖東洞庭山調查記》《請恢復鄭白渠，設水力紡織廠、渭北水泥廠，恢復溝洫與防止溝壑擴展及渭河通航事宜》，及著作《北京圍城紀事詩》。

按：是年冬先生回陝，對陝西建設寄有無限希望。但時局不允許，偉志未遂，終於離陝。然先生《請恢復鄭白渠，設水力紡織廠、渭北水泥廠，恢復溝洫與防止溝壑擴展及渭河通航事宜》一呈，不啻涕泣而道。

十六年（一九二七年）先生年四十六歲，仍任陝西水利局局長。時陝局未定，引涇工程不能進行，先生欲隻身東去，然對引涇計劃書圖頗戀戀，其心至苦。即赴陝北調查無定河水利。至上海，任上海港務局局長，籌備數月，因故中輟。至南京，兼任第四中山大學教授。冬改就四川重慶市政府工程師，修築成渝公路。重慶市郊老鷹岩盤道爲先生得意之設計。

著《呈請辭退陝西建設廳長專辦水利事宜》《興修陝北水利初步計劃》《無定河織女泉水渠說略》《中國舊式之防洪堰》《水理學之大革命》《湖之停蓄推算流量之新法及其應用之經驗》《通用流速算式之誤點》，作《由西安至米脂沿途紀事詩》《詠驪山雪詩》。

按：先生以陜事不可爲，乃於是年春不就陜建設廳長職，拂衣去陜北，考察無定河水利，且一去不復返矣。時陜水利局東大街局址被借用，不得已搬至西大街城隍廟西舊長安縣址辦公，一種風雨飄搖之境，尤有傷於先生之心情。在晉致嚴敬璺函中有云：「陜政局有急應改轍之事：（一）不應聽人盲目指揮；（二）勿故意爲派別之爭，淆亂人心；（三）勿視人心皆如我心，以致上當；（四）斂囂張之浮氣，以實心實力尋救陜之路徑。凡此諸條，皆我冷眼旁觀，在西安時所久欲言，而懼加誅，緘默未發，乃以不忍之心終發之矣。」此正孟子所謂遲遲吾行去父母國之道也。

十七年（一九二八年）先生年四十七歲，是年夏。養病中山陵園三茅山。秋，任華北水利委員會主席，籌劃白河黄河水利事宜。

著《順直水利委員會改組華北水利委員會之旨趣》《永定河改道之商榷》《化兵爲工之意見》《工程學生與新中國》。

十八年（一九二九年）先生年四十八歲，仍任華北水利委員會主席，春，兼任北方大港籌備處主任。倡辦華北灌溉講學班，設置黄河水文站。夏，改任導淮委員會委員兼總工程師及工務處處長，親赴淮河上下游查勘，並視察運河，計定導淮計劃。兼任浙江省建設廳顧問，設計杭州灣新式海塘。

著《中國水利前途之事業》《説明華北灌溉講習班之旨趣》《指導永定河上游民衆興辦灌溉工程辦法》《華北、導淮、黄河三委員會有聯合工作之需要》《恢復陜省農村的意見》《導淮委員會工務處勘查日記二種》《民國十八年日記二種》《導淮兵工民工之管理及編制方法》《黄河及其治導開展》《杭垣坍廓及城内航道之研究》。

十九年（一九三〇年）先生年四十九歲，仍任導淮委員職。倡辦中國第一水工試驗室於天津。冬，任陝西省政府委員兼建設廳長，與北平華洋義賑會合作進行引涇工程。決定省府與華洋義賑會合作，計由渠首至十一公里一段之引水工程，由義賑會擔任；十一公里以下之分水工程，由省政府擔任。時工款奇絀，因以灌溉區中破廟之磚木材料充作工料，及進行三秦各項建設。

著《海港之新發展》《陝西水利工程之急要》《華北之水道交通》《免除山東水患議》《組織西北防旱研究會》《治黃研究意見》《對於改良杭海段塘工之意見》。

按：是年先生返陝，任建設廳長，爲陝西水利工程實施時期之開始。至二十一年涇惠渠完工，即辭去建設廳長職，專任陝西水利局長。凡洛惠渠、渭惠渠、梅惠渠、織女渠，相繼施工，以底於成。而先生之志願，則在惠遍三秦之水利，故關中黑惠渠、澇惠渠、灃惠渠、泔惠渠，陝南漢惠渠、褒惠渠、湑惠渠及陝北定惠渠，皆計劃及之。至今次第施工完成，近來冷惠渠、汧惠渠亦開工矣。

又按：二十二年夏苦旱，涇惠渠涇陽、三原、高陵一帶農田掘渠引水，以救禾苗之枯槁，農民一面致力工作，一面默念先生名，是先生之德惠不啻萬家生佛。

二十年（一九三一年）先生年五十歲，仍任陝西建設廳長，致力於涇惠渠工程之推進，並兼任國民政府救濟水災委員會委員兼總工程師，主辦江河復堤工程，往來江、漢、陝、滬間。時中國水利工程學會組織成立，先生被選爲會長，連任以迄逝世。

著《中華民國水利機關組織擬議》《中華民國水利行政組織擬議》《引涇水利工程之前因與其進行近況》

《陝西省民國二十年建設事業計劃大綱》《救濟陝西荒旱議》《救濟西北旱荒之擬議》《鞏固西北邊防策》《小清河航道整理管見》《陝南水利要略》《敬勸人民自動的禁煙》。譯衛樂赫與司徒培《液體計算》《河流試驗》。

按：先生於是年組織中國水利工程學會，實爲晚近各學會組織之先聲。其建議水利行政統一與水利建設規劃，已蒙政府採納施行。凡在《水利雜誌》《河海月刊》《水利月刊》《黄河水利月刊》《導淮委員會月刊》及《陝西水利月刊》中先生所發表文章，均足以溝通世界水利學術，且爲水利界及其他各界圭臬。

二十一年（一九三二年）先生年五十一歲，仍任陝西建設廳長。春，先生父桐萱公逝世。夏，涇惠渠第一期工程完成放水，江漢堤告竣。參加全國經濟工程新聞各界陝西實業考察團，赴陝南考察水利等。辭陝西省建設廳長，專任陝西水利局長。創立陝西水利專修班，後併入武功農學院爲農業水利系。秋，先生大病，幾瀕於危。籌劃洛惠渠工程。

著《灌溉有無自動方法之可能》《涇惠渠工程報告》《對渭北人民切切實實説幾句話》《涇惠渠管理管見》《涇惠渠管理章程擬議》《陝西水利應要做的許多事情》《推廣鑿井灌溉之計劃》《陝西災情與農村經濟破產原因及其狀況報告》《三省會派工程師往德國作治導黄河試驗之緣起》《漢水上游之水運》《漢江上游之概況及希望》《函國民政府救濟水災委員會陳述陝災狀況並請振修第二期涇惠渠工程》，及作《祭父文》。

按：是年夏六月二十日，涇惠渠第一期工程於工料奇缺、疫癘盛行之下完成放水，農民初獲灌溉之利，相與鼓舞於池陽之野。先生並與父老約：凡渠水所到之處，概不得有一株毒卉發生。是年灌田二十萬畝，災荒之餘，活人無算。

又按：是年先生發表《陝西建設事業計劃大綱》。其關於財政者，設陝西實業銀行於西安，設分行於鄭州、蘭州；關於交通者，設西潼、西長、咸同、咸榆、鳳漢各公路及長途電話；關於工藝者，設交口、涇陽紗廠及西安電廠、機器廠、製革織呢廠等；關於水利者，爲引涇甲種計畫；關於農林墾殖者，爲終南及華麓苗圃、渭南北植棉試驗場、華州蠶桑試驗場、延鄜一帶墾殖區及各縣開闢溝洫，改良堆肥等；關於文化者，設西安機器商品物品陳列館、華山氣象台、古物保管會、各縣雨量站及修復華清池與完成西安革命公園等。以上種種，經十五年來之慘澹經營，十九均已做到。

二十二年（一九三三年）先生年五十二歲，仍任陝西水利局長。是年春，先生親自查勘洛惠渠引水地址及幹渠所經溝峪，即就省府公報餘款，籌設引洛測量隊，實施洛渠灌區測量。夏，籌設黃河水利委員會，先生兼任委員長。時大病初愈，八月黃河決口，扶病至南京，召開黃河水災救濟會。九月一日黃河水利委員會正式成立，先生又兼總工程師，籌劃黃河治本治標工程，兼籌辦渭惠渠工程。

著《論涸湖墾田與廢田還湖》《導渭之真諦》《黃河治本的探討》《黃河水利委員會工作計劃》《導治黃河宜注意上游請早期派人測量研究案》《關於治導黃河之意見》《請由黃河水利委員會積極提倡西北畜牧以爲治理黃河之助案》《請測量黃河全河案》《黃河應行興革事》《治黃關鍵》《洛口猛漲時發表治黃談話》《整理洞庭湖之意見》《淮河流域之水道交通》《二十二年大病經過情形》《陝西引洛工程計劃書序》《談治黃進行狀況》《雙十與水患》。

按：先生是年論黃河水利委員會組織及工程，致王菉庭書中有云：「黃河水利委員會之主幹任務在根本消除河患，其次乃及航道交通，又其次乃及農田水利。國家特設此機關，必求其能策進主幹任務，若僅維持河防，則有三省河務局足矣，如但及農田水利，則各省有建設廳足矣，又何須特設此重大機關哉。所謂隨測隨作者，亦視何等工程，吾人造一房屋，測量、設計、估工、探驗地基、選擇材料，亦費許多手續。治河工程視建屋重大多矣，謂獨可以潦草爲之乎？故隨測隨作，施之於小工程，無上下游關係之局部工程可也，而非施之於根本治河。治河之道，雖一裁彎取直之小工程，亦必詳審測度其上下游之結果，何況全體治導。協之意，不欲邀一時之功，而在爲國家奠永久之大計。小功利在一時，設計未周或一、二年而弊又見，是豈治河之道哉。且更不必慮及政局之變動，蓋果吾人之事業確實爲國爲民，則人事雖有變更，而事業必不毀」云云。此種定論，上下千古豈獨治黄爲然。

又按：先生論黄河水利委員會組織用人及防汛事致許心武、張含英書中有云：「惟河溢走故道，以愚之見尚不致爲大害，亦決不致遂改道而南。蓋目下情形，今道雖日高猶較故道深暢，如改道必不及於故道也。惟今年大汛以後，必須詳細研究河流變遷趨勢而籌劃嚴密防範之策，報汛之制尤宜速事籌備，使上下消息靈通，各河汛水位皆得於三日前預知必至若干高，則人知所虞矣。」又云：「籌備時期用人尤宜審慎，須具有開創精神，不需之人，勿用一人。前擬各簡任技正，須經一度常務會議議決後再行呈請任用」云云。足見先生用人行政之一斑。至河流改道一層，燭照數計，亦可謂運籌帷幄之中，決勝千里之外者矣。

又按：先生是年爲委托德國水利泰斗恩格爾斯代作治黄模型試驗事，致于右任請贊助經濟書中有云：「素仰我公饑溺在抱，於數千年來氾濫決口爲害最烈，糜費至鉅之黄河圖心尤切，今幸得有根本治導方法，則此次終結試驗，關係民生國計，機會尤不可失，務懇鼎力成全予以襄助。」足見先生之實心實政。

二十三年（一九三四年）先生年五十三歲，仍任陝西水利局長，兼任黄河水利委員會委員長，並兼任西北農林專科學校水利組講座。是年春，洛惠渠興工。秋，親赴黄河上游查勘，視察江漢一帶，赴浙江紹興參加會稽大禹廟祀典。是年十一月，至鎮江出席並主持中國水利學會第四屆年會，繼續當選爲會長。

著《西北各省應勵行溝洫之制》《治水本論序目》《函德國恩格爾斯教授關於黄河質疑之點》《豫省河堤遠距原因之推測》《魯省河堤近距原因之推測》《宋以前河堤之概況》《宋以後河防沿革摘錄》《鞏固堤

防策》《論德國堵塞決口法》《關於治河之準備》《治理黃河工作綱要》《治黃意見》《黃河上游視察報告》《研究黃河流域泥沙工作計劃》《黃河流域土壤研究計劃》《黃河水文之研究》《審查華陽河流域整理工程計劃大綱之意見》《對於華陽河流域整理工程計劃之意見》《對於襄河防洪治本初步計劃之審查意見》《對於整理東太湖水利工程計劃之審查意見》《關於廢田還湖》及《導淮先從入海著手之管見》《二十三年視察黃河上游日記一段》《會稽大禹廟碑》《渭惠渠計劃書序》《西北農林專校水利組規劃》《二十三年大病後對部屬訓話》。作《航空由西安至蘭州紀遊》《航空觀劉生毓中一字獄》《武功農校》諸詩。爲父桐萱公著《民興集》作序。譯《波河之水文及其治導方略》《彎曲河道挾沙之大模型試驗》《恩格爾斯復函》，附《請令西北行政長官勵行溝洫之制以免旱荒而減河患案》《沈怡寫恩格爾斯質難之文》。

按：先生於是年作武功農校詩云：「正襟危坐乎高崗，山巍巍兮水湯湯。漆可濯纓渭濯足，天作笠兮雲爲裳。倦來偃臥枕岐梁，夢入周公之故鄉。右手觸文帝之寢堂（隋），左手撫太宗之搖床（唐）。傾耳以聽音鏘鏘，似聞鳳鳴於朝陽。太白皚皚冰雪光，煥如明鏡照我肺與腸。膴膴周原黍稷黃，思我先民薦蒸嘗。吁嗟乎！孰維新命於舊邦，安得起后稷公劉文武於地下，使我民族復發揚。」又先生訪青塚云：「嗟乎此絕代之殊色，一度陷於漢宮，再度陷於虜側，不得真愛之良儔，漢與胡又何擇。天子悲，單于喜，一曲琵琶塞上音，秋風吹進玉關裏，長安萬户息砧聲，盡道良人罷征已。」憶先生作詩不假思索及推敲雕琢，而情真意美有近天籟，惜隨作隨擲，無多存稿耳。

二十四年（一九三五年）先生年五十四歲，仍任陝西水利局長，兼任黃河水利委員會委員長，並兼任全國經濟委員會常務委員。是年春，辭黃河水利委員會委員長職未准。渭惠渠開工，時關中水利有涇、洛、渭三渠同時進行。夏，奉令驗收貫台堵口工程，又奉命培修黄河金堤，時黄河董莊決口，親歷河干實地決策，然未行。涇惠渠第二期工程完成。秋，赴蘇、魯巡視不牢河、微山湖及運河上下水災。辭准黄河水利委員會委員長職，專任陝西水利局局長，籌備梅惠渠工程。是年先生伯父仲特公逝世。

著《在武功農林專校之講詞》《農田水利講義》《農田水利之合作》《利用洪水與蓄水地下》《陝西省水利行政大綱》《陝西水利工程十年計劃綱要》《鞏固西北邊防策略》《一年來之陝西水利》《利津以下築堤不如鞏岸論》《免除大河以北豫魯冀九縣水患議》《治河罪言》《後漢王景理水之探討》《本年董莊決口救濟水患之失機》《固定黄河河床先從改除險堤入手議》《固定黄河河床應以何水位爲標準》《培修堤防法》《黄河水患原因及其急切補救辦法》《黄河流域之水庫問題》《黄河治本計劃概要敘目》《濮陽雜記》《韓城潼關間黄河灘地之保護法》《縱論河患》《電經委會建議黄水入蘇補救辦法》《電經委會開黄花寺民埝原文》《整理平漢路黄河鐵橋上游河槽計劃》《視察導淮工程後發表概念》《二十四年日記一段》《南園憶勝》《涇惠渠碑跋》《河工名謂叙》《涇惠志稿序》《涇惠渠錫名記》《洛惠渠錫名記》《黄河堵口工程實驗錄序》《談貫台堵口工程》《黄河修防自給論》《中國現有之生産力》。作《乘隴海鐵路快車東行詩》《冬至視洛惠渠工至老湫因省墓》等詩。譯《彭青氏水力學》。

按：是年爲先生心情最勞苦之年。計：一月，因公自陝至洛至汴，陪國聯水利專家至陝參觀水利，赴京參加水利委員會第一次會議，赴津參加華北水利委員會會議，返汴辭黄河水利委員會委員長職未准；二月，視察黄、沁二河，並定黄河鐵橋新址，赴陝爲先生父舉行禪祭；三月，陝渭惠渠工程開工，赴京再請辭黄委會職又未准，至汴研究貫台堵口工程，防河北徙，赴陝又赴汴進行金堤工程，並常川駐濮陽二次；四月，督築金堤，公餘著書；五月，至汴驗收貫台堵口工程，赴濮陽、赴陝視堤工，至陶城埠又赴汴，開中國水利工程學會董事會；七月十日董莊黃河決口，赴魯赴決口勘察，赴汴赴京，返汴赴董莊，返汴。議定統一河防辦法，赴陝；八月六日赴京，赴蘇赴魯，巡視不牢河、微山湖及運河上下，又赴董莊開會，又巡察朱口及陶城埠等處，風餐露宿致遭腹疾，赴魯赴津赴平。九月，因公赴津赴魯赴京，赴漢赴鄭赴陝；十月，已辭黃委會職，視察渭惠渠大壩工程，視察涇惠渠灌溉情況，視察洛惠渠工程，返富原村省墓，赴大荔赴西安。總此短短十月內，計赴京五次，赴汴十次，赴陝六次，赴津三次，赴鄭二次，赴濮陽三次（常川駐工不計），赴陶城埠二次，赴貫台四次，赴董莊三次，赴魯四次，赴蘇一次，赴平一次，赴朱口及漢口各一次，著書十一種。正所謂孔席不暇暖，墨突不得黔。

又按：先生居常喜談古人治河策略，均有所發明，或以麻紙作圖，啟發古人深意。足證先生於著書之前，已費推敲，句斟字酌，故得成佳構，爲當世所重視，達到水利救國之真諦。

二十五年（一九三六年）先生年五十五歲，仍任陝西水利局長。元旦在西京舉行陝西水利工程展覽會，昭示大眾。梅惠渠開工，兼任揚子江水利委員會顧問，視察江漢間，修築長安崇義路艮齊成。試用艮齊新箋曾云：「俟渭惠渠工程完竣，即辭去一切職務，居齋中閉戶著書，不問世事。」冬，渭惠渠第一期工程完成，陝西水利局大樓築就，適逢中國水利工程學會開年會於此樓，聚全國水利專家於一堂，允稱勝會。雙十二事變起，先生對國家事極形憂慮，及除夕前，始喜形於色。

著《我國水利問題》《日本水利略述》《水土經濟》《關於變遷河床河流治導之模型試驗》《水利之家政》《陝西灌溉事業》《蓄水》《西北水利問題》《西北水利之展望》《西北農功水利文化史略》《全國經濟委員會興辦西北灌溉事業與地方政府合作辦法》《西北灌溉工程局組織大綱》《鞏固西北邊防策》《我們須要提倡西北農村建設》《對於治理揚子江之意見》《對上車灣裁彎取直工程之意見》《甘寧青歷代大事記序》《追念芬茨爾文》，譯《方修斯之子來函》。作《試新箋詩》。

按：先生是年不就經濟委員會顧問工程師，致鄭權伯肇經書中有云：「在陝工作之技術人員，完全以精神相團結，忠誠努力而彼此毫無間言，此不能不謂有一人領率之關係也。若我一去不免人心渙散。余在水利局每月僅支一百五十元以顧數家用，而此等精神相濟之人心則萬金難買，故寧舍彼而守此也。」

又按：先生不就國民經濟計畫委員會專門委員，復曾養甫書中有云：「猥以菲材，辱承聘爲專門委員，本應勉盡棉薄，用副知愛之厚。顧以主持陝西水利工程任重事繁，鮮有暇晷，來京開會，既非時間所許，勢不能盡襄助之責」云云。此二書語出至誠，可爲先生代表作。即先生去世已十年之今日，陝西水利局同人，仍本先生一貫作風，不計個人權利，不見異思遷，而能踏到枵腹從公之諾言，皆先生精神所感召也。

又按：先生是年論華陽河工程意見，致傅汝霖沐波書中有云：「竊以爲本計劃能待一二年，將內部地形測量明確，江水情形再加探討，然後將馬當工程、水庫工程、水庫內之排水系統及航路與堤防等工程、水閘與洩水道工程，融納爲一，彼此相顧，擬成一完滿計劃，上可取信於政府，下可取信於人民，然後定爲步驟，分期興工，策之上也。若此時即欲爲之，弟亦不敢言其必不可爲，然其將來成效或得或失，正未可必，恐工成之後待補救者必多。此猶小事，而計劃未能完備，使一般人士不免生疑，徒爲華陽河口附近一部分人民之利益，殊覺不值」云云。可見先生忠於謀國，又可見先生之水利事業成功，全在計精圖確，絲毫不苟故也。

二十六年（一九三七年）先生年五十六歲，仍任陝西水利局長。視察揚子江中上游，並赴江蘇調查導淮入海工程。秋，被聘爲國立中央研究院評議會會員。抗倭戰將起，參與廬山談話會。返陝，加入陝西抗敵後援會。冬，渭惠渠第二期工程完竣，管理局組織就緒，織女渠開工。除夕赴興平召集渭惠渠同人敘餐，及返西安似感傷風症。

著《一月間遨遊記》《如何救四川之饑饉》《視察四川灌縣水利及川江航運報告》《抗戰期間之農田水

利工作》《水工基礎》《請建議國民政府籌設大規模材料試驗場案》《請中央研究院評議會提請吾國地質學專家注重實用地質學之研究案》《水工講義目錄》《第二渭惠渠》《倡議三渠民衆教育》《議整理秦嶺山下各水》《如何利用土地》《大戰期間之青年培養問題》《大戰時期青年教育問題》《大戰後之種種建設問題》《同種同文》《西京市民之安全問題》《敬告西安市民》《告青年》《重重大災之下人民應如何圖存》《致李維城、續式甫、韓威西、李紫東諸先生函論各縣救國公債保存辦法》《國亡了要錢有什麽用》《對經募公債條陳意見四項》《再勸購救國公債及捐輸》《擬請印製救國印花以資宣傳救國公債》。作《行三峽中弔屈大夫》《盧溝橋》《南嶽觀日出》諸詩。

按：是年夏先生參加廬山談話會，病膽囊炎飛京治療。及盧溝橋事變後自京返陝，以羸弱之軀加入陝西抗敵後援會。凡他人所顧忌不敢言而不能言者，先生則侃侃言之，復常至西安廣播電台，大聲疾呼，陳述抗戰利害，驚惕民衆。又西安市防空工程之建設，秦中禁煙種麥之提倡，傷兵難民災童之養護，救國公債之募集，及戰時西北一切經濟建設，多仗大力推進。又常親作抗戰宣傳文字，寄登國內外各報章伸張正義。以上種種，皆先生致力水利事業以外之工作。國難寇深，年老力衰，諸葛孔明云：「鞠躬盡粹，死而後已」，先生亦有焉。

二十七年（一九三八年）先生年五十七歲，仍任陝西水利局長。是年一月四日抱病赴郿縣參加渭惠渠攔河大壩南土壩合龍工程。歸病加重，臥床數日痊癒。二月十九日，偶得腹疾，痛苦劇烈，徧體流汗，四肢發冷。大便不通，飲食不進，逆氣失眠。雖延醫診治，病益增重，初斷爲胃瘤，繼認爲急性胃炎。繼輸血注射皆無效，溫度增高，脈搏增急，喉有痰。三月七日夜病亟，惟神志甚清楚，口述遺囑。八日正午逝世於長安艮齋。

著《目前及將來重要問題》《農村與國家》《函經濟部論大戰中經濟建設八條及水利行政等事》，《函西安行營主任論收容流亡工程師擬編爲大戰中工程隊》爲先生對經濟事業最後而最有價值之呼籲。

按：是年先生條呈國防工業建設、航道、鐵路交通以及水利水力增產等八項致經濟部函中有云：「政府爲抗戰持久計退而守腹地，並恃西南、西北爲奧府。然西南、西北素乏建設，欲恃之以爲抗戰之根據地，自非謀所以充實其力不可。前聞一面抗戰、一面建設，抗戰終結之日，亦即建設完成之時之壯語。以目前戰事之劇烈，吾國民生之凋敝，同人等竊疑何以實驗此等壯語。今讀大部對於經濟建設之談話，知建設事業果有可爲而且必爲也。」又云：「水利行政素患機關龐多而涣弛，宜藉此非常時期，裁去各委員會而並其政權於一部」云云。即此二點，是先生之言驗而道行矣。

三月十一日曉，遵先生遺囑移靈至涇陽，長安各界公祭於西關，素車白馬，滿街塞巷。十五日安葬於涇陽社樹堡兩儀閘畔，民眾遠道祭奠者五千餘人。二十八日，國民政府特令褒揚，文云：「陝西水利局局長前黃河水利委員會委員長李儀祉，德器深純，精研水利。早歲倡辦河海工程學校，成材甚眾。近年於開渠、浚河、導淮、治運等工事尤瘁心力，績效懋著。方期益展所長，弼成國家建設大計，永資倚畀，遽聞溘逝，悼惜良深。李儀扯應予特令褒揚，著行政院轉飭陝西省政府舉行公葬，考試院轉銓敘部從優議恤，並將生平事績存備宣付史館，以彰邃學而資矜式。此令。」

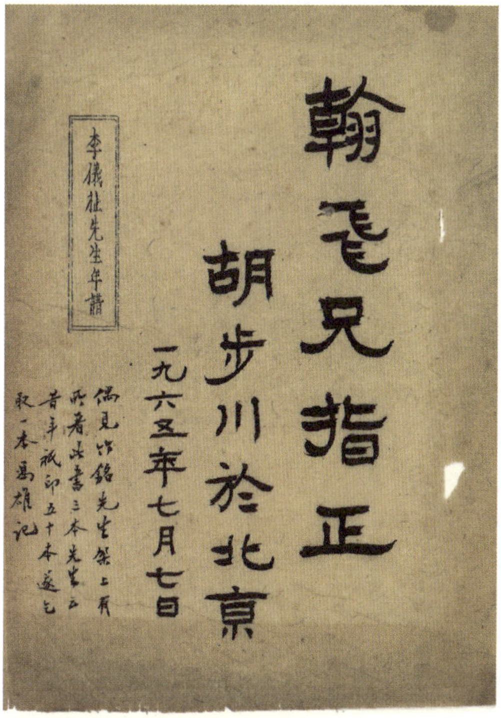
李儀祉先生年譜

翰飞兄指正

胡步川於北京

一九六五年七月七日

偶見作銘先生架上有
所著此書三本先生云
昔年祇印五十本遂乞
取一本禹雄記

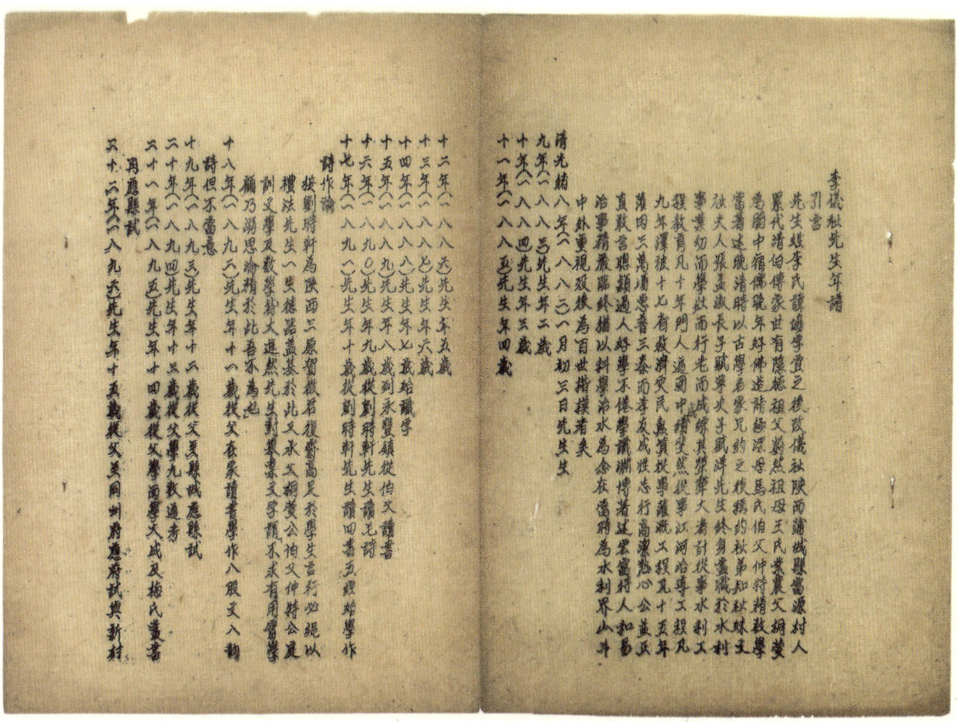
李儀祉先生年譜

引言

先生姓李氏諱協字宜之後改儀祉陝西蒲城縣富源村人累代清白傳家世有隱德祖父鵬然祖母王氏業農父桐藝為關中宿儒晚年好佛道號髯翁深母馬氏伯父仲特精數學當著述晚清時以古學名家兄約之後稱約祉弟知秋妹文祉夫人張孟淑長子賦寧次子賦洋先生終身盡瘁於水利事業幼而學壯而行老而成綜其犖犖大者對從事水利工程教育凡十年門人遍國中績斐然從事江河治導工程凡九年澤被十九省救濟災民無算從事灌溉工程凡十五年灌田六萬頃惠普三秦而孝友成性志行高潔熱心公益正直敢言聰穎過人好學不倦學識淵博著述宏富時人知為治事精嚴臨終猶以科學治水為念在當時為水利界泰斗中外重視殁後為百世楷模者矣

清光緒八年（一八八二）一月初三日先生生

九年（一八八三）先生年二歲

十年（一八八四）先生年三歲

十一年（一八八五）先生年四歲

十二年（一八八六）先生年五歲

十三年（一八八七）先生年六歲

十四年（一八八八）先生年七歲始識字

十五年（一八八九）先生年八歲到永豐鎮從伯父讀書

十六年（一八九〇）先生年九歲從劉時軒先生讀毛詩

十七年（一八九一）先生年十歲從劉時軒先生讀四書五經始學作詩作論

按劉時軒為陝西三原賀復齋高足於學生言行必繩以禮法先生一生德器蓋基於此又承父桐藝公伯父仲特公庭訓文學及數學皆大進然先生對舉業文字顧不求有用實學顧乃溺思於精於此吾不為也

十八年（一八九二）先生年十一歲從父在家讀書學作八股文入韵詩但不當意

十九年（一八九三）先生年十二歲從父至縣城應縣試

二十年（一八九四）先生年十三歲從父學九數通考

二十一年（一八九五）先生年十四歲從父學西學大成及梅氏叢書再應縣試

二十二年（一八九六）先生年十五歲從父至同州府應府試與新村

《李儀祉先生年譜》最早油印本

張氏訂婚

二十三年（一八九七）先生年十六歲從伯父學幾何代數四元八綫及諸子百家應縣試錄取

二十四年（一八九八）先生年十七歲至同州府應仁和葉伯皋大宗師案試古場考取進第一名秀才兄進第七名秀才玉尹聯芳恰如仲詩搨黌二公於光緒四年同入泮者相表裡兄弟同被拔為崇實學院上舍生是年娶妻

按先生自傳中有云我們考算學幾何代數都做對了居然高高縣取正場入股胡謅一場也不在乎李氏兄弟算學之名大震關中云云而先生名列第一尤以為喜

二十五年（一八九九）先生年十八歲肄業崇實書院學英文算學故以年荒輟學是年先生母馬太夫人逝世

被嚴幾道天演論著擺論及神道設教欄

二十六年（一九〇〇）先生年十九歲經庚子之亂返涇陽崇實書院組織天足會與嘉興沈淇泉選先生入宏道學堂以不肯專舉子業請假回家作女子不纏足講

二十七年（一九〇一）先生年二十歲入關中學堂與張季鸞同列前茅習英日文

著譯國田雄治日本國史

二十八年（一九〇二）先生年二十一歲仍在關中學堂以不滿意功課印傳單指陳之是年先生祖母王太夫人逝世

二十九年（一九〇三）先生年二十二歲時學使沈淇泉南歸先生應商州中學堂堂長于右任招赴商州為中學堂教員

三十年（一九〇四）先生年二十三歲時于右任以著半哭半笑樓詩草被當道嚴緝先生乃辭商州中學堂教職回家尋與兄同考入京師大學堂赴北京入預科德文班

按先生於是年家書中有云兄之志欲以哲學為終身之成名以六學為平日之生計考終先生之世雖以工程學成名然非研究哲學有素者或其名不能如斯之高且遠也又按先生記于右任之獲罪篇中有云有恩右任者將其半哭半笑樓詩草及被髮攘刀影片獻于陝省寒即行文三原縣縣捕該縣令為猶豫藉德銳謀諸儒學教諭王友益王與余兄約之善曾洩其事兄急與謀傳九謀救急足者是信千里至汴限九日達右任即遁跡上海以最遲者始至

三十一年（一九〇五）先生年二十四歲在校極用功各種學業進步甚快是年先生祖父逝世

三十二年（一九〇六）先生年二十五歲肄業京師大學堂日俄戰爭起國中預備立憲革命風聲日緊

按先生於清光緒三十一年為反對中美條約上王侍御仙洲書中有云天下事以千萬人之力成之而不足以一人敗之而有餘觀歷史從古如斯但不悉此等事乃見於先生先生為全國人民計獨不為一身名譽計乎即此數語足見先生少年剛毅之氣溢於言表

三十三年（一九〇七）先生年二十六歲肄業京師大學堂

三十四年（一九〇八）先生年二十七歲肄業京師大學堂從師與同班同學到漢口漢陽大冶武昌各處旅行參觀各工廠學校礦山

清宣統元年（一九〇九）先生年二十八歲京師大學堂畢業派某部錄事不就謂平面幾何學由西瀅鐵路善備處派赴德國留學道經上海與劉蕃嚴敬齋吳希玲等為友始剪去髮辮是年七月啟洋經福州厦門新嘉坡錫蘭島蘇彝士河關羅威尼斯由比利時登陸往柏林報入皇家工程大學土木工程科攻鐵路水利甚勤奮除讀書外最喜遊覽風景並以獨遊為樂同學中送先生徽號曰聖人而先生自號曰胡蘆

按先生自傳中有云我是除用功外最喜遊覽即覓不得伴也常以獨遊為樂並且覺得獨遊勝於同許多人一塊寂寞之中且有天然的景象作伴常常一個人星期日携一本書到樹林中躑躅常吟曰一卷相隨勢不孤林中偃臥鳥相呼瞬來神識忽顛倒誤認青天作碧湖即此四句詩足見先生課餘時之心情

二年（一九一〇）先生年二十九歲求學德國與為君武等為友同遊巨人山及德與瑞典等處風景區課餘以德人提倡佛學出襟志先生嘗作耶佛是非之辯佛學問答作澄解又作新閨怨詩

按先生於清宣統二年致胞兄書中有云德人力闢耽者福音教人詢弟何教吞以佛教竭力勸弟改為福音與之辯六教之優劣伊初能隱微云佛以寂滅為美引人入不幸驗曰耶以求福為至貪之所由生求而獲則我幸人不幸求而不獲則我更不幸佛之照曰無幸無不幸所以云爾者人世之幸不幸不足以形容之也又云弟本非佛教胡以佛教應緣近世民賊動擾孔說以論天下下弟不屑與為伍中國危亡之机盡人皆知而近日其机若不可終日云云又按章太炎設立宗教論中以耶為獨神教道為多神教佛為無神教故其無神故見其大故能超脫一切色容一切先生言有以也

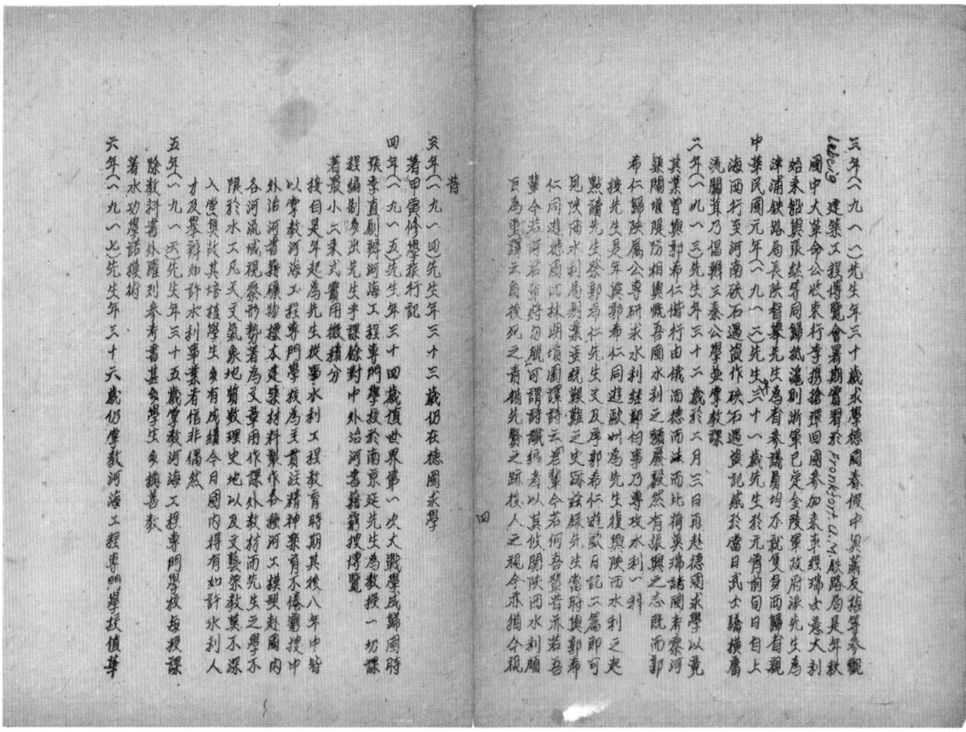
三年（一九一一）先生年三十歲求學德國春假中與蕭友梅等參觀
Leipzig 建築工程博覽會暑期實習於 Frankfort a. M. 鐵路局是年秋
國中大革命公收束行李携搶環回國參加秦東辮瑞士意大利
始來船與張鈁等同歸抵滬則浙軍已定金陵軍政府派先生為
津浦鐵路局長陝督舉先生為省參議員均不就隻身西歸省親
中華民國元年（一九一二）先生年三十一歲先生於元宵前旬日自上
海西行至河南硤石遇盜作硤石遇盜記感於當日武士驕橫庸
流闒茸乃倡辦三秦公學並掌教課
二年（一九一三）先生年三十二歲於二月三日再赴德國求學以竟
其業曾與郭希仁偕行由俄而德而法而比荷英瑞諸國考察河
渠閘壩隄防相與慨吾國水利之頹廢毅然有振興之志既而郭
希仁歸陝屬公專研求水利兼鄉何事乃專攻水利一科
按先生是年與郭希仁同遊歐洲為先生復興陝西水利之起
點讀先生祭郭希仁先生文及序郭希仁遊歐日記二篇即可
見陝西水利為劇秦要蔬艱難之史蹟茲錄先生當時與郭希
仁同遊德國以林湖壞園譯詩云若輩今若何吾輩亦若吾
輩今若河若[illegible]將力觥可謂詩讖[illegible]者以其倡關陝西水利願
且為重鎮云負後死之責務先賢之蹟後人之視今亦猶今視
昔
三年（一九一四）先生年三十三歲仍在德國求學
著甲寅修學旅行記
四年（一九一五）先生年三十四歲值世界第一次大戰學成歸國時
張季直創辦河海工程專門學校於南京延先生為教授一切課
程編制多出先生手課餘對中外治河書籍翻搜博覽
著最小二乘式實用微積分
按自是年起為先生從事水利工程教育時期其後八年中皆
以掌教河海工程專門學校為主貫注精神樂育不倦翻搜中
外治河書籍饋物標本建築材料製作各種河工模型赴國內
各河流域視察形勢著為文章用作課外教材而先生之學不
限於水工凡天文氣象地質數理史地以及文藝宗教莫不深
入堂奧故其培植學生多有成績今日國內得有如許水利人
才及學藝如許水利事業者信非偶然
五年（一九一六）先生年三十五歲掌教河海工程專門學校每授課
除教科書外羅列參考書甚多學生多稱善教
著水功學諸講術
六年（一九一七）先生年三十六歲仍掌教河海工程專門學校值華

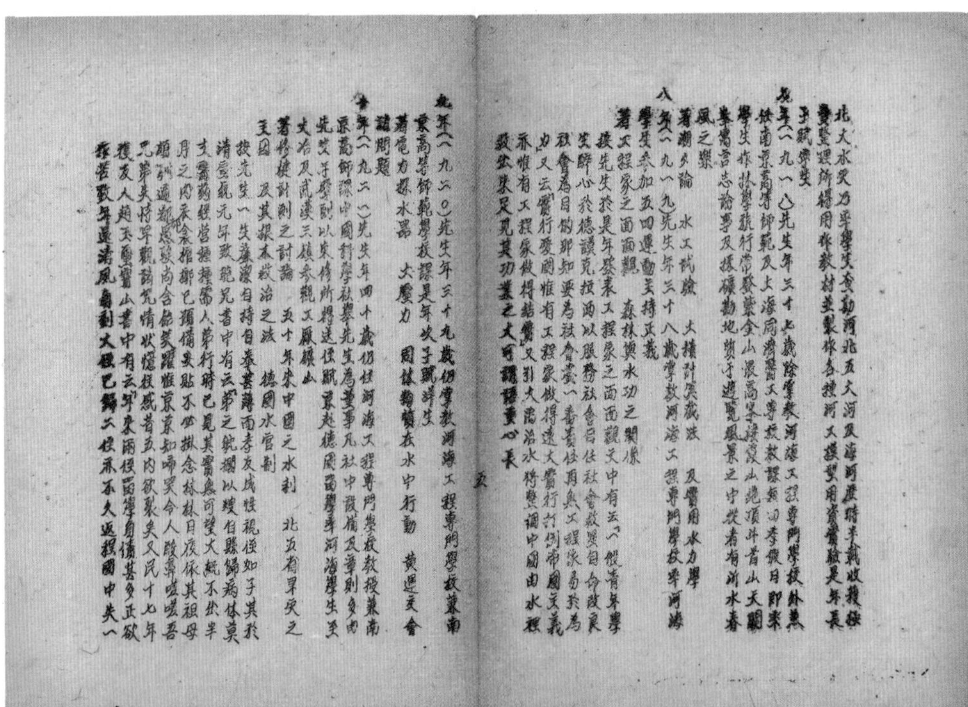
北大水災乃率學生查勘河北五大河及海河歷時半載收穫極
豐整理所得用作教材並製作各種河工模型用資實驗是年長
子賦京生
七年（一九一八）先生年三十七歲除掌教河海工程專門學校外兼
任南京高等師範及上海同濟醫工專校教課每[illegible]假日即率
學生作旅學旅行常登紫金山眺高峯棲霞山絕頂并昔山天關
峯寫言志論專及採礦勘地質寸遊覽風景之中從者有沂水春
風之樂
著潮汐論　水工試驗　大積計算法　及實用水力學
八年（一九一九）先生年三十八歲掌教河海工程專門學校率河海
學生參加五四運動並持正義
著工程家之面面觀　森林與水功之關係
按先生於是年發表工程家之面面觀文中有云「一般青年學
生醉心於德謨克拉西以服務社會自任社會教員自命改良
社會為目的卻不知要為社會盡一番責任尚矣工程家易於為
力」又云「實行愛國惟有工程家做得遠大實行打倒帝國主義
亦惟有工程家做得結實」又引大禹治水將其調中國由水禍
致盛來足見其功業之大可謂語重心長
九年（一九二〇）先生年三十九歲仍掌教河海工程專門學校兼南
京高等師範學校課是年次子賦洋生
著電力探水器　大壓力　固體物質在水中行動　黃河之會
諸問題
十年（一九二一）先生年四十歲仍任河海工程專門學校教授兼南
京高等師範課中國科學社舉先生為董事凡社中設備及章則多由
先生手擬訂以來修所得送侄賦京赴德國留學率河海學生至
太冶及武漢三鎮參觀工廠礦山
著修堤計劃之討論　五十年來中國之水利　北五省旱災之
主因　及其根本救治之法　德國水官制
按先生一生孝親自持自奉甚薄而孝友成性視侄如子其於
清處亦元年致龍兄書中有云「弟之鈍拙以暖自縣歸為林莫
支醫藥經營撫摩需人弟行時已覺其實無可望大概不出半
月之內來念桁鄉已預備安貼不必掛念林林日夜依其祖母
頗訓適鄰感發尚含飴笑躍惟京京知啼哭令人酸鼻噓唏吾
兄弟失恃早觀諸兄情狀益感昔五內欲裂矣」又民十七年
複友人趙玉璽寶山書中有云「年來兩侄留學負債甚多正欲
稍喘數年還清夙負則大侄已歸二侄亦不久返國中失一

老朽之留學生而得嶄新之二留學生參中去無能之子而獲
二亢承之豫即此足見先生心情憂樂之所在
十一年（一九二二）先生年四十一歲上半年仍任河海工程專門學
校教授兼高等師範學校課兼任南京鼓樓公園工程師送往賦
都林德國留學下半年任陝西省水利局局長籌劃關中水利兼
陝西渭北水利工程局總工程師進行引涇測量測地形及水
文作起
著黃河根本治法商榷　論引涇　再論引涇
按自是年起為陝西水利建設進行時期然兵變陝亂年荒財
盡歷六年之困苦艱難計劃涇惠渠頻劃而不能實施工程
先生於十七年復趙天麋寶山書有云「弟自十八年回陝鄉人
之屬望愈切弟心神之苦痛愈甚荏苒光陰去我如矢前後五
年終無一事可以慰我鄉民者去春馮公來陝意鄉伯弟行谷
口遍告鄉中父老謂鄉當挾兩目可期無如時期未至終為畫
餅於是弟羞見父老」又云「陝西父母之邦弟何愛於婺山遂志
涇渭渠當局有興工之決心聚渠可靠之經費弟亦不再為局
長但畀以工頭之職奔鋌遑弛弟即嘉然歸矣」又云「引涇之事
時局負我我負希仁他日干戈戢戰政府有意興辦尚欲商陵

六

仲山之願望小子黽勉力成功也其對陝西水利期望之切負
責之重用人之專百折不撓矢志靡他猶不可及
十二年（一九二三）先生年四十二歲仍任陝西水利局局長兼渭北
水利工程局總工程師推進引涇籌備工程兼任陝西省教育廳
廳長倡辦水利道路工程專校並籌劃陝西全省教育及振興文
化事宜並勘渭河及黃河水道
著考察龍洞渠報告　測勘黃渭航道報告　涇惠渠之首功鄭
希仁　陝西渭北水利工程局引涇第一期報告書　水利道路
工程技術傳習所改組水利道路工程專門學校宣言書
按先生所創辦陝西水利道路工程專校係由水利道路技術
傳習所改組後改隸國立西北大學工科為陝西省造就水
利道路人才之惟一學府應當時以經費困難因循就簡及後
遂漸擴充歸併入年後創辦陝西水利專修班後改為國立武
功農學院農業水利系則設備更好至今所有畢業學生多為
陝西省水利技術之基本人員矣
十三年（一九二四）先生年四十三歲仍任陝西水利局局長及渭北
水利工程局總工程師兼任國立西北大學校長擴充大學設備
培植西北最高學府專才倡設陝西古物保管會復振興陝南水

利是年冬渭北水利工程設計完竣在長安開渭北水利工程展
覽會
著勘察涇谷報告書　陝西渭北水利工程局引涇第二期報告
書　引涇第一期工程計劃大綱　我之引涇水利工程進行計
劃　請撥庚子賠款以興陝西引涇水利說帖　工程上的社會
問題　重農救國策
十四年（一九二五）先生年四十四歲仍任陝西水利局局長兼西北
大學校長陝局變亂關中及陝南水利工程以之數停頓先生多
致力於西北大學是年冬赴京津滬寧等處籌措引涇工款及擴
充西北大學經費
著溝洫篇
十五年（一九二六）先生年四十五歲仍任陝西水利局局長兼西北
大學校長長安圍城八月先生欲赴滬踰火叩潼關歸秦而不可
能乃兼任北京大學教授後回河海工科大學講學是年夏西北
大學工科學生畢業冬回陝當道任以陝西省建設廳長堅辭不
就
著自傳　上新河江隄合龍記　太湖東洞庭山調查記　請恢
復鄭白渠設水力紡織廠渭北水泥廠恢復溝洫與防止沙壅
擴展及渭河通航事宜　及著作北京圍城紀事詩
按是年冬先生回陝對陝西建設寄有無限希望但時局不允
許偉志未遂終於離陝然先生請恢復鄭白渠設立水力紡織
廠渭北水泥廠恢復溝洫與防止沙壅擴展及渭河通航事宜
一呈不啻導返而道

七

十六年（一九二七）先生年四十六歲仍任陝西水利局局長時陝局未定引涇工程不能進行先生欲隻身東去然對引涇計劃書圖顧戀戀其心至苦即赴陝北調查無定河水利至上海任上海港務局局長籌備數月因故中輟至南京兼任第四中山大學教授冬改就四川重慶市政府工程師修築成渝公路重慶市郊老鷹岩盤道為先生得意之設計

著呈請辭退陝西建設廳長專辦水利事宜　興修陝北水利初步計劃　無定河織女渠泉水渠說略　中國舊式之防洪堰水理學之大革命　湖之傳蓄推算流量之新法及其應用之經驗　通用流速算式之誤点　作由西安至米脂沿途紀事詩　詠驪山雪詩

按先生以陝事不可為乃於是年春不就陝建設廳長職拂衣去陝北考察無定河水利且一去不復返矣時陝水利局東大街局址被借用不得已搬至西大街城皇廟西舊長安縣址辦公一種風雨飄搖之境尤有傷於先生之心情在晉致嚴敬齋函中有云陝局有急應改辦之事（一）不應盲目聽人指揮（二）勿故意為派別之爭淆亂人心（三）勿視人心皆如我心以致上當（四）欲囂張之氣以實心實力尋救陝之路徑凡此諸條皆我冷眼旁觀在西安時所久欲言而憚加誅絨默未發乃以不忍之心終發之矣此正孟子所謂遲遲吾行去父母國之道也

十七年（一九二八）先生年四十七歲是年夏養病中山陵園三茅山秋任華北水利委員會主席籌劃白河黃河水利事宜

著順直水利委員會改組華北水利委員會之旨趣　永定河改道之商榷　化兵為工之意見的　工程學生與新中國

十八年（一九二九）先生四十八歲任華北水利委員會主席春兼任北方大港籌備處主任倡辦華北灌溉講學班設置黃河水文站夏改任導淮委員會委員兼總工程師及工務處處長親赴淮河上下游查勘並視察運河計定導淮計劃兼任浙江省建設廳顧問設計杭州灣新式海塘

著中國水利前途之事業　說明華北灌溉講習班之旨趣　指導永定河上游民衆興辦灌溉工程辦法　華北導淮黃河三委員會有聯合工作之需要　恢復陝省農村的意見　導淮委員會工務處勘查日記二種　民國十八年日記二種　導淮兵工民工之管理及編制方法　黃河及其治導開展　杭埠圩鄉及城內航導之研究

十九年（一九三〇）先生年四十九歲仍任導淮委員職倡辦中國第一水工試驗室于天津冬任陝西省政府委員兼建設廳長與北平華洋義賑會合作進行引涇工程決定省府與華洋義賑會合作計由渠首至十一公里一段之引水工程由義賑會担任十一公里以下之分水工程由省政府担任將工款專繳因以灌溉區中破廟之磚木材料充作工料及進行三秦各項建設

著海港之新發展　陝西水利工程之急要　華北之水道交通　免除山東水患議　組織西北防旱研究會　治黃研究意見書　於陝長航海路之意見

按是年先生返陝任陝建設廳長兼陝西水利局長實施時期之開始至二十一年涇惠渠竣工即辭去建設廳長職專任陝西水利局長凡涇惠渠渭惠渠梅惠渠織女渠相繼施工以底於成而先生之志願則在惠澤三秦之水成關中惠渠涝惠渠沣惠渠渭惠渠陝南漢惠渠褒惠渠湑惠渠及陝北定惠渠皆計劃及之至今次第施工完成近來洛惠渠滄惠渠亦開工其文按二十二年夏苦旱涇惠渠灌陽三原高陵一帶農田插秧引水以救禾苗之枯槁農民一面救力工作一面默念先生為是先生之德意不啻萬家生佛

二十年（一九三一）先生年五十歲仍任陝西建設廳長致力於涇惠渠工程之推進並兼任國民政府救濟水災委員會委員兼總工程師主辦江河堤堰工程淮泗漢水流域時中國水利工程學會組織成立先生被選為會長連任以迄逝世

著中華民國水利機關組織擬議　中華民國水利行政組織擬議　對於學術與司法培養水體討論河流試驗　引涇水利工程之前因與其進行近況　陝西省民國二十年建設事業計劃大綱　救濟陝西荒旱議　救濟西北旱荒之擬議　華國西北道路策　小清河航道整理意見　陝南水利要略　救助人民自動的禁烟

按先生於是年組織中國水利工程學會實為晚近各學會組織之先聲其建議水利行政統一與水利建設規劃已被政府採納施行凡在水利機關河海月刊水利月刊黃河水利月刊導淮委員會月刊及陝西水利月刊中先生所發表文章均足以溝通世界水利學術且為水利界及其他各界圭臬

二十一年（一九三二）先生年五十一歲仍任陝西建設廳長春先生父桐軒公逝世夏涇惠渠第一期工程完成放水近漢堤皆成參加全國經濟工程總國各界陝西實業考察團赴陝南考察水利等辭陝西省建設廳長專任陝西水利局長創立陝西水利

專修班擬併入武功農學院為農業水利系於先生大病發期於是籌劃涇惠渠工程
著灌溉有無自動方法之可能　涇惠渠工程報告　對渭北人民切切實實說幾句話　涇惠渠管理實況　涇惠渠管理章程擬議　陝西水利應要做的許多事情　推廣鄭汧灌溉之計劃　陝西災情與農村經濟破產原因及其狀況報告　三省會派工程師往德國作治導黃河試驗之緣起　漢水上游之水運漢江上游之概況及希望　為國民政府振濟水災委員會陳述陝災狀況並請撥款第二期涇惠渠工程　及孫榮文文
按是年夏六月二十日涇惠渠第一期工程於五月竣工落成典禮行之下完成放水農民初慕灌溉之利相與鼓舞於池陽之野先生並與父老約凡渠水所到之處處不得有一煙毒再發生是年灌田二十萬畝災荒之餘活人無算又按是年先生發表陝西建設事業計劃大綱其關於財政者設陝西實業銀行於西安設分行於鄭州蘭州關於交通者設西潼西長咸同咸榆鳳漢各公路及長途電話關於工藝者設西安涇陽紡織廠及西安電廠機器廠製革廠硯廠等關於水利者為引涇甲種計劃關於農林墾殖者為於渭南及華縣苗圃渭南北植棉試驗廠華州蠶桑試驗場延安一帶墾植區及各縣商關溝洫改良堆肥等關於文化者設西安機器局陳列館華山泉泰台古物保管會各縣雨量站及修復華清池與完成西安革命公園等以上種種經十五年來之修葺經營十九均已辦到

二十二年（一九三三）先生年五十二歲仍任陝西水利局長是年春先生親赴實勘洛惠渠引水地址及龍首渠所經溝谷即就著府公報發表籌設引洛測量隊實施洛渠灌溉測量更籌設黃河水利委員會先生兼任委員長時大病初愈八月黃河決口於溫至南京召開黃河水災救濟會九月一日黃河水利委員會正式成立先生又兼總工程師籌劃黃河治本治標工程兼籌辦渭惠渠工程
著論涸湖鹽田與淤田逐湖　導渭之真諦　黃河治本的探討　黃河水利委員會工作計劃　導治黃河宜注意上游請早期派人測量研究案　關於治導黃河之意見　請令黃河水利委員會積極提倡西北畜牧以為治理黃河之助案　請測量黃河全河案　黃河應行興革事　治黃關鍵　洛口猛漲時發表治黃談話　整理洞庭湖之意見　淮河流域之水道交通　二十二年大病經過情形　陝西引洛工程計劃書序　請治黃進行狀況　豐子與水患
按先生是年論黃河水利委員會組織及工程致王蔡庚書中有云「黃河水利委員會之主要任務在根本消除河患其次乃及航道交通又其次乃及農田水利國家特設此機關必求其能策進主幹任務者維持河防則有三省河務局足矣如但及農田水利則各省有建設廳足矣又何須特設此重大機關哉所謂隨測隨修者亦視何等工程吾人進一步房屋測量設計估工探驗地基選擇材料亦費許多手續治河工程視建屋重大多矣謂雖可以潦草為之乎故隨到隨作施之于小工程與上下游關係之局部工程可也而非施之于根本治河治河之道雖一截灣取直之小工程亦必詳審測度其上下游之結果何況全体治導將之意不欲逞一時之功而在為國家奠永久之大計不貪利在一時貽害不盾或一二年而弊又見是豈治河之道哉且更不必處及政局之變動盖果吾人之事業確實為國為民則人事雖有變更而事業必不毀云云」此種定論上下千古豈獨治黃為然又按先生論黃河水利委員會組織用人及防汛事致許心武張含英書中有云「唯河溢走故道以愚見之尚不致為大害亦決不致逕改道而南盖目下情形今道雖日高猶較故道深暢如改道必不及于故道也惟今年大汛以後必須詳細研究河流變遷趨勢而籌劃展寬防範之策報汛之制尤宜速事籌備使上下消息靈通各河汛水位皆得于三日前預知必至若干高以知所實矣」又云「籌備時期用人尤宜審慎須具有向劃精神不需之人勿用一人前派各省任技正須經一度審核會議決議再行呈請任用云云」足見先生用人行政之一斑至河流改道一層踰然數百亦可謂運籌帷幄之中決勝千里之外者矣又按先生是年為委托德國水利泰斗恩格爾氏作治黃模型試驗事致于右任請贊助經濟書中有云「恭頌我公饑溺在抱於數千年來氾濫決口為害最烈麇費至鉅之黃河團心尤切今幸得有根本治導方法則此次終結試驗關係民生國計機會尤不可失務望鼎力成全予以襄助」足見先生之實心實政

二十三年（一九三四）先生年五十三歲仍任陝西水利局長兼任黃河水利委員會委員長並兼任西北農林專科學校水利組講座是年春洛惠渠興工秋親赴黃河上游查勘根據洮濼一帶赴浙江紹興參加會稽大禹廟祀典
著西北各省應厲行溝洫之創　附請令西北行政長官厲行溝

洫之制以免旱荒而減河患案　擇被河之水文及其消导方略
彎曲河道挟沙之大模型試驗　消水本論序目　為德國恩格
尔斯教授關於黄河質疑之照　譯恩格尔斯復函　附沈怡與
恩格尔斯質難之文　豫省河堤遠距原因之推測　魯省河堤
近距原因之推測　宋以前河堤之概況　宋以後河防沿革摘
録　華北堤防策　論德國堵塞決口法　關於治河之準備
治理黄河工作綱要　治黄意見　黄河上游視察報告　研究
黄河流域泥沙工作計劃　黄河流域土壤研究計劃　黄河水
文之研究　審查華陽河流域整理工程計劃大綱之意見　對
于華陽河流域整理工程計劃之意見　对于黄河防洪治本初
步計劃之審查意見　对于整理東太湖水利工程計劃之審查
意見　關於廢田還湖　及导淮先從入海着手之意見　二十
三年視察黄河上游日記一段　會稽大禹廟碑　渭惠渠計劃
書序　西北農林專校水利組規劃　二十三年大禹陵对部屬
訓詞　及依航空由西安至蘭州紀遊　航空飛过生魏中一字
獄

　武功農校諸詩

按先生於是年作武功農校詩云「正襟危坐乎商嵩山巍巍兮
水號滿滿漆可濯纓渭濯足兮惟望兮實為甕牖來稷卧枕岐
梁兮入周公之故鄉右手瞻文帝之寢堂（一隋）左手撫太宗
之拙床（一唐）傾耳以聽音韻嗣嗣潤厚鳴于朝陽太白巍巍
冰雪光挾胡胡鏡照耀胡天騰騰潺潺周原秦稷黄思我先民厲
蒸嘗吁嗟乎熙熙攘攘……存妻淳祀有稷公刘文武于地下
使我民族繁昌天……揚云嗚呼此熟於之鼎色一度
臨千秋寫與度臨千秋……待真愛之波……又何擇夫
卑悲學于吾一……長安萬戶息
聽戶盡道良人還聽已……先生作詩不飾恩意……推敲雕琢而
情真意美有進于天籟……依願……多存稿耳

二十四年（一九三五）先生年五十四歲仍任陝西水利局長兼任黄
河水利委員會委員長並兼任全國經濟委員會常務委員是年春
辭黄河水利委員會委員長職未准渭惠渠開工時兼關中水利有
涇洛渭三渠同時進行夏奉令驗收貫台堵口工程又奉命培修
黄河金堤時黄河董莊決口親履河干實地測勘未行涇惠渠
第二期工程完成秋赴蘇魯巡視不牢河微山湖及運河上下水
究　辭核黄河水利委員會委員長職專任陝西水利局局長籌辦
梅惠渠工程是年先生伯父仲特公逝世
著在武功農林專校之講詞　農田水利講義
作　利用洪水與蓄水地下　陝西省水利行政大綱　農田水利之合
利工程十年計劃綱要　鞏固西北邊防策略　一年來之陝西
水利　利津以下築堤不如鞏岸論　免除大河以北豫冀魯九
縣水患議治河罪言　後漢王景理水之探討　本年董莊決口
救濟水患之失机　固定黄河河床先從改除險堤入手議　固
定黄河河床應以何水位為標準　培修堤防法　黄河水患原
因及其急切標救辦法　黄河流之水庫問題　黄河治本計劃
概要敘目　濮陽縱記　辯論灘窪間黄河灘地之保護法　縱
論河患　電經委會建議黄水入蘇補救辦法　電經委會關黄
花奇民捻條文　整理平漢路黄河鐵橋上游河槽計劃　視察
專洮五程後發表概念　二十四年日記一段　譯彭曾氏水力
學　及作甫園憶牘涇惠渠碑跋　河工名詞叙　涇惠志稿序
　涇惠渠銘名記　洛惠渠鐫名記　黄河堵口工程實驗錄序
談貫台堵口工程　黄河修防白話論　中國現有之生產力
及作乘隴海鐵路快車東行詩　冬至視洛惠渠工至老狀頭看
墓等詩

按是年為先生心情最勞苦之年計一月因公自陝至洛至汴赴陪同
黔水利專家至陝參觀水利赴京參加水利委員會第一次會
議赴津參加華北水利委員會會議返汴辭黄河水利委員會
委員長職未准二月視察黄沁二河並定黄河鐵橋新地赴陝
為先生父舉行釋祭三月陝渭惠渠工程開工赴京再請辭黄
委會職又未准乃赴汴研究貫台堵口工程防河北堤赴陝又赴
汴進行金堤工程並常川駐濮陽二次四月督察金堤公餘著
書五月至汴驗收貫台堵口工程赴濮陽赴陝視堤工至陶城
埠又赴汴開中國水利工程學會董事會七月十日董莊黄河
決口赴魯赴決口勘察赴汴赴京返汴赴董莊返汴議定統一
河防辦法赴陝八月六日赴京赴蘇赴魯巡視不牢河微山湖

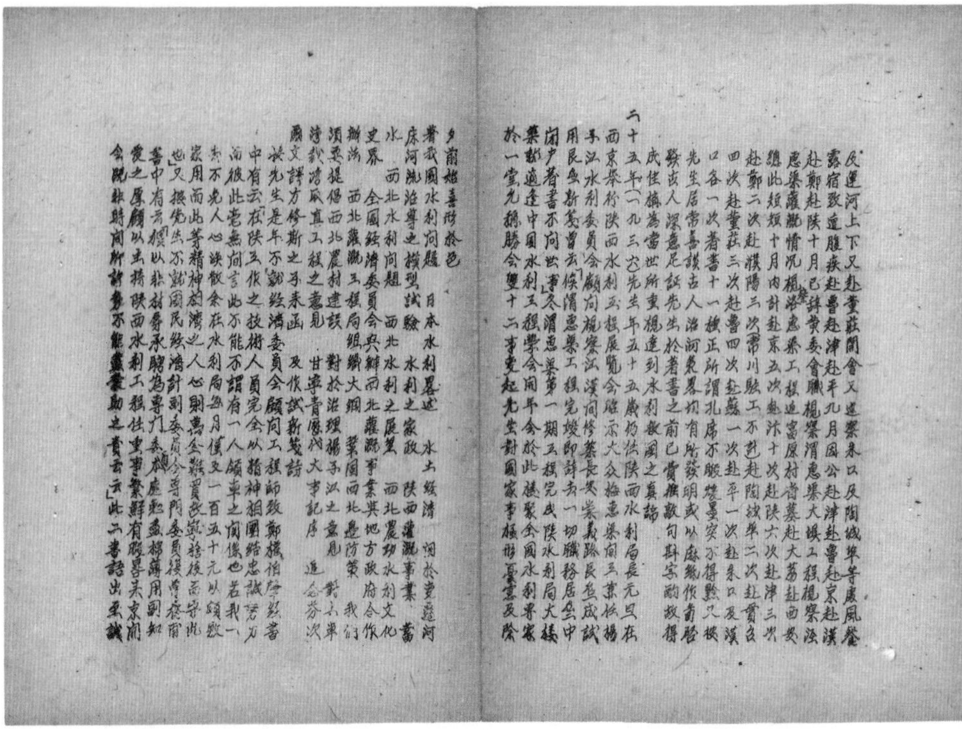

及運河上下又赴董莊開會又巡察来口及陶城埠等處風餐
露宿致過腹疾赴魯赴津赴平九月因公赴津赴魯赴京赴漢
赴鄭赴陝十月已辭黄委會職視察渭惠渠大壩工程視察涇
惠渠灌溉情况視察洛惠渠工程過富原村看墓赴大荔赴西安
總此短短十月内計赴京五次赴汴十次赴陝六次赴津三次
赴鄭二次赴濮陽三次（帶川駐工不赴）赴陶城埠二次赴貫台
四次赴董莊三次赴魯四次赴蘇一次赴平一次赴来口及漢
口各一次著書十一種正所謂孔席不暇煖墨突不得黔只被
先生居常喜談古人治河彙集均有所發明或以麻纖作者啓
發古人深意尼証先生於著書之前已貫推敲句斟字酌故得
成佳構為當世所重視達到水利救國之真諦
二十五年（一九三六）先生年五十五歲仍任陝西水利局長元旦在
西京举行陝西水利工程展覽会昭示大众梅惠渠開工業依楊
子江水利委員会顧問視察江漢間修築長堤崇義路良縣成試
用民众新奏曾去條渭惠渠工程完竣即辭去一切職務居家中
閉户著書不問世事冬渭惠渠第一期工程完成陝水利局大樓
築就適逢中國水利工程學会開年会於此樣聚全國水利專家
於一堂允稱勝会豐十二事變起先生對國家事極形憂慮及除

夕前始喜形於色
著我國水利問題　日本水利畧述　水土經濟　関於黄壺河
床河流治導之模型試驗　水利之家政　陝西灌溉事業　蓄
水　西北水利問題　西北水利之展望　西北農田水利文化
史畧　全國經濟委員会與辦西北灌溉事業與地方政府合作
辦法　西北灌溉工程局組織大綱　第國西北邊防策　我們
須要提倡西北農村建設　對於治理揚子江之意見　對於準
詩我國真工程之意見　甘寧青風大事記序　追念芬次
爾文　譯方修斯之河床函　及作試新篇詩
按先生是年不辭經濟委員会顧問工程師致鄭權伯辭聘書
中有云「在陝西工作之技術人員完全以精神相團結忠誠為力
而彼此毫無間言此不能不謂有一人領率之関係也若我一
去不免人心渙散余在水利局每月僅支一百五十元以領較
家用而此等精神經濟之人心則萬金難買在與諸校而守此
也」又按先生不就國民經濟計劃委員会專門委員後有答甯
著中有云「擬以非材忝承聘為專門委員本應勉盡棉薄用副知
愛之厚顧以主持陝西水利工程往事繁鮮有暇晷未克開
会既非時間所許勢不能盡襄助之責云云」此二書語出至誠

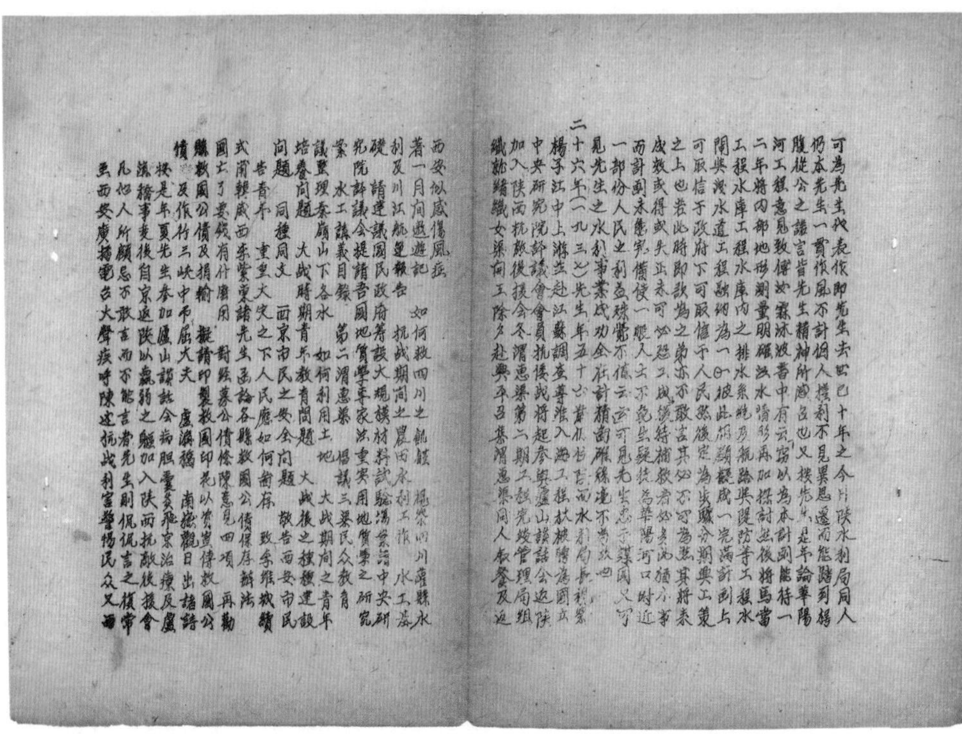

可為先生代表作即先生去世已十年之今日陝水利局同人
仍本先生一貫作風不計個人權利不見異思遷而能賡續
服從公之遺言皆先生精神所感召也又按先生是年論華陽
河工程意見致傅如霖沐波書中有云「竊以為本計劃能特一
二年將内部地形測量明確江水情形再加探討然後將馬當
工程水庫工程水庫内之排水系統及航路與堤防等工程水
閘與洩水道工程融納為一個彼此相關聯成一完滿計劃上
可取信于政府下可取信于人民然後定為步驟分期興工兼
之上也若此時即欲為之弟亦不敢言其必不可為然其將來
成效或得或失正未可必恐工程緣待補救者必多而猶不事
而計劃未臻完備使一般人士不免生疑竊為華陽河口附近
一部份人民之利益殊覺不值云云」可見先生忠于謀國又可
見先生之水利事業成功全在計劃周詳絲毫不苟故也
二十六年（一九三七）先生年五十六歲仍任陝西水利局長視察
揚子江中上游並赴江蘇調查導淮入海工程抗戰爆發國立
中央研究院評議會會員抗倭戰將起參與盧山談話会返陝
加入陝西抗敵後援会冬渭惠渠第二期工程完竣管理局組
織就緒織女渠開工除夕赴興平召集渭惠渠同人叙餐及返

西安似感傷風症
著一月間遨遊記　如何救四川之飢饉　視察四川灌縣水
利及川江航運報告　抗戰期間之農田水利工作　水工孫
礎　請建議國民政府籌設大規模材料試驗場案請中央研
究院評議会提請吾國地質學專家注重實用地質學之研究
案　水工論義目錄　第二渭惠渠　倡議三渠民众教育
議整理秦嶺山下各水　如何利用土地　大戰期間之青年
培養問題　大戰時期青年教育問題　大戰後之積極建設
問題　同種同文　西京市民之安全問題　敬告西安市民
告青年　重重大究之下人民應如何圖存　致李維城贊
式蔺贛威西李紫東諸先生函論各縣救國公債保存辦法
國亡了要錢有什麽用　對經募公債條陳意見四項　再勸
購救國公債及捐輸　擬請印製救國印花以資宣傳救國公
債　及作行三峽中而屈大夫　盧溝橋　南嶽觀日出諸詩
按是年夏先生參加廬山談話会赴胆囊炎飛京治療及盧
溝橋事變後自京返陝以羸弱之軀加入陝西抗敵後援會
凡他人所顧忌不敢言而不能言者先生則侃侃言之復常
去西安廣播電台大聲疾呼陳述抗戰利害警惕民众又西

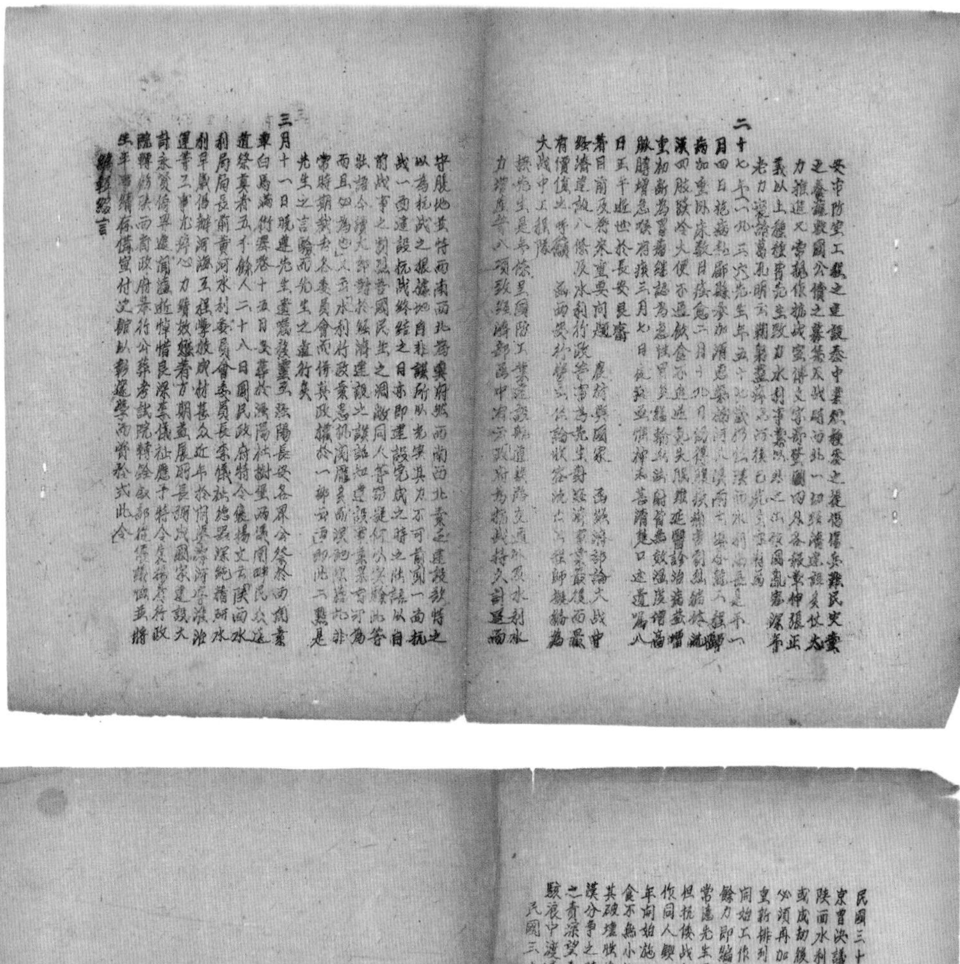

安市防空工程之建設秦中農林種畜之推廣傷兵難民之實
之籌劃救國公債之募集不幾時而外一切經濟建設多仗先
力推進又常親作抗戰宣傳文字登載國內外各報章伸張正
義以上種種皆先生致力水利事業以外之救國愛鄉深年
老力瘁諸葛孔明云鞠躬盡瘁死而後已先生實有焉
二十七年（一九三八）先生年五十七歲仍任陝西水利局長是年一
月四日抱病赴鄠縣參加渭惠渠涇河漢南十字會歸
病加重臥床數日疾愈二月十九日復親審閱積書割烈於流
漲四肢發冷大便不通飲食不進遂氣失眠雖延醫診治病勢增
重加斷為胃癌繼認為急性胃炎醫藥無效病勢增高
脈膊增急喉有痰三月七日夜彌留神志甚清楚口述遺囑八
日五午逝世於長安良寓
著目前及將來重要問題　農村與國家
經濟建設八條及水利行政爭案為先生對經濟部論大戰中最
有價值之呼籲　為西安行營撰給收容流亡之師範講稿
大戰中工程隊
撰先生是年條呈國防工業建設與道路交通以及水利
力增產等八項致經濟部為中央政府為抗戰持久計謀而

安撫地並特西南西北為奠府然西南西北實足建設效特之
以為抗戰之根據地自非謀所以充實其力不可前方一面抗
戰一面建設抗戰終結之日亦即建設完成之時此請從自
前戰事之創深普國民生之凋敝同人等翊從何公深蒙此等
此諸今後大部對於經濟建設之謀誠知建設實業可為
而且如為也其要水利行政素患亂闕應各而深知深知非
常時期裁去各委員會而併其政權於一部亦通此二點是
先生之言驗而先生之遺行矣
三月十一日曉達先生遺體發靈至蒸陽長安各界公祭於西關素
車白馬滿街塞巷十五日安葬於涇陽社樹堡兩漢同時民眾送
道祭奠者五千餘人二十八日國民政府特令褒揚文云陝西水
利局局長前黃河水利委員會委員長李儀祉總兼深純藉研水
利早歲倡辦河海工程學校成材甚眾近年於陝涇渭洛諸渠
運籌工事尤殫心力績效懋著方期益展所長調以國家建設大
計永資倚畀遽聞溘逝悼惜良深李儀祉應予特令褒揚交行政
院轉飭依法從優議恤並將
生平事蹟存備宣付史館以彰遺勞而資矜式此令
[illegible]言

民國三十六年六月六日水利部開全國水利行政會議於南
京曾決議編印李儀祉先生全集由陝西水利局集稿之業又
陝西水利局於抗倭戰中在敵機轟炸聲裡悉先生遺稿散失
或成劫後餘灰曾急就成章倉卒編印李先生遺著石印本然
必須再加整理妥為養護俾全集本事綴述詳盡然編年制
更新排列或可免闕文之憾爰於是年冬由編者於辦公之餘
開始工作並由傅達哉襄助終於本年春夏至秋仲完成繕寫有
餘力即編輯李先生年譜至以十節編輯每當執筆肆書之時
常遠先生畢生事業以陝西水利局為根基然後及江淮河濟
但抗倭戰起後者多被破壞惟陝西水利蘇然無恙且在陝工
作同人艱而不捨雖事增華計自民十一年進行以來至十九
年間始施工到於今已近三十年歷史戰時對大戰中軍需民
食不無小補但水利工程創始固難守成亦不易而際此亂世
其破壞性為尤烈論者謂鄭國渠之遠火焚樣被破壞於楚
漢分爭之時不為無據吾人在鬱陽之中固寄闔彼各有蘇渠
之責深望李先生畢生事業碩果僅存之陝西水利得於狂風
駭浪中渡過彼岸而永久垂惠於人民也
民國三十七年雙十節浙東門人胡步川謹識

祭文與挽聯

祭李師文

中華民國二十七年三月八日正午，先師儀祉李公既沒於西京。越七日，遵遺命營葬於涇陽社樹之兩儀閘畔。門人胡步川謹致奠於師之靈前曰：惟師正直，立懦廉頑。孝友任卹，惠及孤鰥。立身治事，如瞻南山之岩岩；好學不倦，無間出處與忙閑；蓄書善教，陶冶羣彥而致於清班。此犖犖大者，皆吾國人所共仰，非予小子一人私心之追攀。憶自金陵授業，從師入關。涇渭河洛，華北江南。垂二十載，與聞堅艱。師興百廢，功並丘山。川雖贊襄碩畫，邈乎其微。而聲應氣求，習之已嫻。茲者萬方多難，國瘁夷蠻。師爲救國，籌謀彌患。聲嘶力竭，心勞鬢斑。但悲國土之日蹙，致遭疾病之頻頒。記臨危之緊握予手，問寇燄之曾否少慳。已奄奄兮一息，猶老淚之潸潸。哀哉哀哉，師竟一瞑而不復返顧耶也。當易簀之前後，正雨雪之紛紛。天地一白，爲弔忠魂，迨雪消而雨霽，乃負土以築師墳。念雨雪之落不上天，悲音容之不復見聞，悵腥羶之滿地，愧後死之昏昏，何以慰師，我心如焚。兩儀閘畔，憑弔斜曛。佇立懷想，春樹暮雲。盼神明兮不寐，望來格而來欣。嗚呼哀哉！尚饗！

胡步川　一九三八年三月

儀師事蹟

師名協，姓李氏，字宜之，後改字儀祉，陝西蒲城人。幼有至德，孝友性成。兼以家學淵源，國文素有根底。曾作《無鬼論》，爲前輩所驚奇。清光緒十六年，年九歲，從劉時軒先生學。二十四年，以冠軍捷歲試，學使拔入崇實書院及宏道書院肄業，專攻實學，深得當軸器重。然不屑事舉子業，又以實學各科原理，來自歐美，故對於英文頗注重。三十年，考入京師大學堂。則復注意德文及法日等文。三十四年，預科畢業。宣統元年，由西潼鐵路局派赴德國留學，入柏林工業大學，攻鐵路及水利二科。曾與郭希仁先生徧遊歐洲，商繼鄭白事業。返德後，專注意於水利一門。民國元年，聞武漢起義，回國參加革命工作。及二年南北義和，復返德國，繼續學業。四年學成歸國。時張季直先生創辦河海工程專門學校於南京，師參與焉。計自是年春，至十一年夏，任該校教授及校長職。十一年秋，回陝任陝西省水利局局長，兼渭北水利工程局總工程師，籌劃引涇事宜。十二年春，兼任陝西省教育廳廳長。十三年，兼任西北大學校長。是年冬，渭北水利工程設計完竣。十四年冬，赴平津京滬等處，籌措引涇工款，及擴充西北大學經費。十五年，因事變，未能返陝，任北京大學教授。年終回省，當道委任陝西省政府建設廳廳長，堅辭允就水利局局長職。十六年春，赴榆林，考察無定河。是年秋，任南京第四中山大學教授。嗣赴四川，任重慶市政府工程師，修築成渝公路。十七年秋，任華北水利委員會委員長，籌劃白河黃河及華北水利各事宜。十八年夏，任導淮委員會委員、工務處長及總工程師，計定導淮碩畫，並兼任浙江省建設廳工程顧問，設計杭州灣新式海塘，今仍行之。十九年冬返陝，任陝西省政府委員兼建設廳廳長，進行引涇工程，及秦中各項新建設。二十年，兼任國民政府救濟水災委員會委員兼總工程師，主辦江河復堤工程。二十一年夏，涇渠第一期工程完工，即辭去建設廳長職，任水利局長，赴漢南考察水利。秋大病及愈，計劃關中八惠渠，而先籌辦洛惠渠工程。二十二年秋，任黃河水利委員會委員長兼總工程師，籌畫並實施黃河治本及治標工程。又親赴黃河上游查勘，兼籌辦渭惠渠工程。二十三年春，洛渠興工。二十四年春，渭渠興工。是年冬，辭黃河水利委員會委員長職，仍專任陝西水利局局長，籌畫梅惠渠工程。是年夏，涇渠第二期工程完工。二十五年冬，兼任揚子江水利委員會顧問工程師。是時，渭惠渠第一期工程告竣。二十六年春，親赴揚子江中上游查勘，並赴江北一帶，調查導淮入海工程。是年秋，參與廬山談話會，對於國事（抗日戰中水利事業）多所貢獻。冬渭渠第二期工程告竣，洛梅二渠即將完工。綜先生生平事蹟，計從事水利工程教育，凡十年，門人遍國中，具有相當成績。從事江河治導工程凡九年，澤被十七省，救濟災民無算。從事灌溉工程凡十五年，成就灌溉區域三萬頃，惠徧關中，實爲全國水利界之先導。且任全國經濟委員會水利委員，建議水利統一；與水利建設規劃，已蒙政府採納施行。及連任中國水利工程學會會長，至七年之久。出版《水利雜誌》，又主辦《河海月刊》，凡七八年，所著論文及翻譯等文，足以溝通世界水利學術，其散見于《科學雜誌》《華北水利月刊》《黃河水利月刊》及《陝西水利月刊》等著作，均可爲水利界及其他各界圭臬。

至師立身廉正，治事精嚴，好學不倦。接物唯誠，實數十年如一日，尤爲當世所共仰。又自盧溝橋事變，自京返陝，以羸弱之軀，加入陝西抗敵後援會，每次開會，凡他人所顧忌不敢言而不能言者，師則侃侃言之，復常臨西安廣播電台，大聲疾呼，陳述利害，警惕民衆。又西京市防空工程之建築，秦中禁煙種麥之提倡，傷兵難民災童之養護，救國公債之募集，以及戰時經濟建設，多仗大力推進。復親作宣傳文字，寄登國内外各報章，以伸張抗戰正義。

此次大病之前夕，親草戰時經濟建設提案，以工程師學會名義，電經濟部，網舉目張，則爲師最後之呼聲。猶記去年除夕，師赴興平，召集渭惠渠同人敘餐，慶祝大功告成。及返西安，似有傷風症。今年一月四日，抱病赴鄠縣，參加渭惠渠攔河大壩南土壩合龍工程歸，病更增重。然臥床數日，得告痊愈。吾人正喜臘盡春回，其羸弱之軀，將與得春草木，同發榮茂盛，與國家民族同日新而無已時，忽於二月十九日偶得腹病，痛苦劇烈，徧體流汗，四肢發冷。大便不通，飲食不進，氣逆眠失。經醫通便、吃藥、止痛，及每日注射營養針等，均無大效。醫復斷爲胃瘤，爲不治之症。致十餘日未用藥，時便雖通，多係紫黑色之稀血糞，及流有粉紅色液體。而溫高脈急，呼吸短促。嗣另請醫治，則斷爲急性胃炎。雖心理稍寬於一時，然病入膏肓，勢已沉重矣。經輸血後，便復帶有鮮血，喉似有痰，屢打強心劑及營養針，仍無效。至三月七日夜，病更增劇，惟神志甚清明，能口述遺囑及後事頗詳。迨八日正午，竟與世長辭矣。哀哉！

當師彌留之際，大雪紛飛，天地一白，如張素幕，如布白氈，似特爲舉哀。及靈柩出長安之日，西京各界公祭於西關，備極哀悼。至涇陽安葬之時，涇陽、三原、高陵各縣民衆，遠道奔喪，不期而會至五千人之多。又噩耗傳出，全國震驚，唁電交馳，近國府又褒揚邃學，獎勵有功，令予公葬。師九原有知，亦當瞑目。

師嘗言，渭惠渠完工，即擬辭去職務，閉門著書，不料此語竟成讖語。然際此國痒寇深之日，師決不甘自隱遁。試看其最近八月來之救國工作，可知梗概。若天假之年，其對於建國準備之襄助正多，豈祗盡瘁水利而已。今則賫志以沒矣。

時中華民國二十七年四月。

悼儀師

儀師一生，立身正直，治事精嚴，博學雋德，均足以模楷群倫，爲萬流所仰鏡，毋待贅述。

計自去秋參加廬山談話會歸來，體頗衰弱，似未復原。惟時當吾國全面抗戰暴日之初，後方人力物力之整理，實爲當務之急。乃首先加入陝西抗敵後援會。每於盡瘁水利本職之外，竭力推進抗敵後援工作。如西京防空之建設，秦中禁煙種麥之提倡，全省救國捐款之募集，以及傷兵難民之養護諸大端，多賴登高一呼，而收萬山響應之效。又常至西安廣播電台及水利局每星期一紀念週會，發表救國演講，建設後方民衆之心理，亦復不少。間以其餘，擬撰救國宣傳文字，寄登國内外各報章，伸張抗戰正義。以未復原之衰軀，忽加多職務以外之工作，而體力益覺不繼矣。猶記本年一月四日，師赴郿縣，參加渭惠渠攔河大壩南土壩合龍工程歸來，輒患傷風，臥床數日，始得告痊。正喜臘盡春回，其羸弱之軀，將與得春草木，同以發榮茂盛。俾靈光魯殿，與國家民族共日新而無已時，則凡小子後生之來西京，禮於其廬者，亦可多得致德問業之實效。

竊自思維，特蒙知遇，於民國十年，助教河海工程專門學校一年，較受業時爲多得師誨。及十一年，追隨來陝，即委以涇惠渠測量工程之任。時當秦地大亂之餘，又值關中大饑之時，事事捉襟見肘，且才疏學淺，綆短汲深，時虞覆餗，致貽公憂。幸承耳提面命，俾得襄助涇渭等渠水利計劃，並得參與實施工程，循規漸進，以抵於成。每遇困難之事，自計不能斷决者，然得師一言，即中理解。十餘年來如一日，即在浙江水利局任事，亦多賴師函札指教。俾稍稍有所建樹，飲水思源，皆師之賜。

今猝遭大故，科學界頓失宗范而邦國之損失尤大。雖師之功名學業，久耀中外，堪垂不朽，茲全受全歸，已無遺憾。然思之者，哀不自禁。況在西京一隅之同仁，多屬受業於師之門人，及追隨多年之僚屬，或與侍湯藥，悲從中發；或親聞遺語，痛裂肝腸。而當師彌留之際，大雪紛飛，天地一白，如張素幃。及靈柩出長安之日，西京市各界公祭於西關，備極哀悼。至涇陽安葬之時，涇原各地民衆，遠道奔喪，不期而會至五千人之多。凡識與不識，無不交口稱揚師德，痛惜師逝。此師德入人之深之食報，正所謂天地爲之舉哀，舉國爲之悲悼，豈止巷哭一鄉一邑之人，又豈止門人等痛失導師五內分崩而已哉！

茲者國府褒揚邃學，獎勵有功，令予公葬。師九原有知，亦當心慰。惟遺囑諄諄，言猶在耳。某敢不竭其綿薄，本後死之責任，努力進行，以期繼述於萬一。若以師在天之靈，使得於大軍告捷，民族重光之日，對於江河治導之探討，灌溉事業之管理諸大端，亦有尺寸之完成，即當隻鷄斗酒，告祭於師之墓。此心此志，永矢勿諼！

胡步川　一九三八年

輓儀師聯

廿年來几杖追隨喜時雨春風今生有幸
兩旬內膏肓病痛悲人亡國瘁後死何堪

胡步川　一九三八年

儀師逝世週年紀念日祭文

維中華民國二十八年三月八日，爲先師儀祉李公逝世週年紀念日，門人胡步川等，謹祭以文曰：嗚呼！西京長別，於今一年。音容縹緲，永隔人天。雖惓惓之情，不以生死爲轉移，然諄諄之教已隨歲月而推遷。所幸遺規尚在，遺澤依然，將垂千百年於勿墮，何況一週天之轉旋。（吾）等遵循軌轍，鑽仰高堅，謹畧舉一年以內之工作，虔誠稟告於吾師之墓前。計水功之學，業經出版。遺著之目，亦已成編。事畧事蹟，殺青撰述。師堂師墓，經營後先。涇渭梅渠，已進程于管理；洛褒澧灞，亦改善於鑽研。近復施工漢惠，致力蜀川；陜南陜北，湑黑丹汧；或通航運，或惠農田。此皆吾師去後經年之成績，予小子等敢云繼述乎先賢。茲復抗戰入於後期，克敵制勝，企一洗乎腥羶。是尤爲吾師生前所殷望而勿及。今則暴敵餒氣，相期再衰三竭，終可告勝於九泉。吁嗟乎！仲山峩峩，涇水淵淵。炊煙滿眼，麥綠連阡。陽春浩蕩，大地芳妍。笙鶴來遊，河山豆籩。千秋萬載，永慰長眠。尚饗！

胡步川　一九三九年三月

儀祉堂記

以人名堂，紀念先師李儀祉先生也。先師道德學問、功業文章均可垂於不朽，今茲全受全歸，其精神所托寄者大而遠，固未必戀戀於斯堂。然掘地見泉水，隨處無弗得，亦若師在天之靈，可隨感而通。則川以師名命斯堂也，不亦宜乎？當民國二十六年大除夕，渭惠渠工程告竣，管理局組織就緒，而斯堂亦粗完工。原爲每年春秋二季開水老會議之用，時師特自西安來興平，會集渭惠渠工程處全體同仁談話聚餐於此。其言有曰「本處尚有未完工程，本可延長一年半載，然後結束，方可成立渭惠渠管理局。然際此國難當頭，故提前進行，以赴政府緊縮之旨。是以管理局成立後，同仁所得之薪水減少得多，而所擔之責任，增加得多」。又云：「吾陝十年九旱，際此寇深國瘁之時，若又遭大旱，則後方之紛亂不可設想。今渭功告成，當可增加生產。惟管理之事，千端萬緒，均待進行。猶憶涇惠渠管理局初成立之二三年，經過種種困難及磨擦，然後漸入正軌。渭渠應本涇渠之經驗，以應付事機，則省事不少。」又云：「敵人攻我日益急，但予信其不致西渡黃河攻西安，及北渡渭河達興平。吾人仍須照常工作，並須努力進行。」此畧畧數語，即爲師當日在斯堂對渭惠渠同仁所發最後之遺音。又師常言於川曰，待渭惠渠完工之日，即擬辭去一切職務，閉門著書，不聞世事，則爲師當年對渭惠渠工程所發先機之讖語。從可知師生前之眷眷于渭惠渠工程，而精神寄託于斯堂者久矣。川故于師没之後，特陳師遺像遺囑于堂之中，而將所撰師之事蹟及挽師之詩，于其左右。堂外東西兩廊，則懸掛渭渠工影五十幀。俾後之人，覩物懷人，登堂思哲。念當日工程之艱難，使長保此先人辛苦經營之最後事業于勿墮，並定每年大除夕繼續會集渭惠渠管理局同仁于斯堂，聚餐談話，檢討一年事業之過去，策劃來年之進行。亦藉以紀念渭工告竣及管理局成立之日於永久云爾。

時中華民國二十七年大除夕

門人胡步川識於陝西省渭惠渠管理局

縱談陝西省水利局

吾國地大物博，各省出産不同，需要各異。則其生産建設，亦須因之而有所偏重。此抗戰建國之時，政府尤須因勢利導，補助各地個別需要。俾發展其個別生産，以期充實資源，則殊途同歸，可踏到抗戰必勝建國必成之目的。陝西地屬大陸高原，雨量缺少，向有十年九旱之諺，而土質肥美，厥田上上，極宜棉麥及各種農産物。故歷代講求水利，以濟個別需要者，實爲全國之冠。而鄭白二渠之成績，尤膾炙人口。其餘灌溉漕運等工程，亦史不絶書。

民國初年，政府設全國水利局於北京，設分局於各省。陝西水利局首先應運而生。十一年以後，開始引涇工程，由坐言而起行，已創造全國振興水利之先聲。迨北伐告成，爲應政府求治之熱心及副人民雲霓之切望，對於灌溉事業，尤進行不遺餘力。如防災航運及水利發電等工程，亦逐步推進。至水文氣象等研究，及凡爲水利工程之基本工作者，無不樹立基礎。

關中八惠渠工程，爲前局長李儀祉先生所手訂。而陝北陝南各惠渠，數又倍之。約計可得三百萬畝之水地，免除荒旱。就中涇惠、渭惠、梅惠及織女四渠均相繼完工，普徧灌溉，並業已分渠設局，推進管理工作及研究經濟用水等問題，以期擴充灌溉面積。洛惠、黑惠、漢惠三渠，均在建築期中，或將竣工，或初着手，正需督導完成。其餘渠工雖計劃完成者，爲數不少，而急待勘測設計者，尚方興未艾，均需要有係統之整理。

自二十一年，涇惠渠完工以來，成績昭著。今年公家可收水費二十五萬，其盈餘之農產，存于民間者，約有六百萬元，然尚未精確統計。渭惠渠與之相若，梅惠渠及織女二渠則較少。然均可深刻人民之印象，而固定其信仰心，吸引中央及地方之投資，足爲之保證券。嗣後順序推進，互爲挹注，所有各水利工程之經費，正可自給而足綽有餘裕。

茲者，對日抗戰，已入後期。凡屬黃帝子孫，均有快幹、穩幹、苦幹、實幹之精神，何況本局同仁經十餘年之沐浴熏陶，已成有系統之人才幹部。雖目前政府經費困難，則枵腹從公，亦應爲全國水利界樹之風聲，努力後方生產建設，以報答前方浴血抗戰之將士。且年來在中央方面，尚撥專款，設工程局，辦理各渠之水利。想吾陝政府決不因噎廢食，而能因勢利導，源源供給本省所個別需要之水利工程，永遠使此多年辛苦經營之水利事業於勿墮也。

胡步川　一九三九年

艮齋憶賸

儀師道德高尚，學術湛深，事業偉大，著作宏富，一代人豪，久爲中外所景仰，不必由川稱揚其萬一。惟追隨較久，聞知或較多，曾本一得之愚，謹祭以文，輓以詩，撰爲事畧，發於話言，以就正於當世。但拘於體例，尚覺未盡予懷。故將記憶所賸，復拉雜書此，不覺累幅。然仍多掛漏。師晚年榜其書齋曰「艮齋」，故用以名此篇。

民國六年，川負笈金陵，始晤師於河海工程專門學校之教員院，蒙一見如故，心殊感激。嗣後對師所授之課程，即覺津津有味，如飲醇酒。課餘嘗相隨登紫金最高峯，上棲霞絕頂，及溯江而上遊大冶及武漢三鎮等處。言志論事，頗有沂水春風之樂。民十之夏，川河海畢業，留校爲師助教一年。每當授課之餘，對坐一室，更覺師治學之精嚴，志行之高潔，直如數仞宮墻，尚不得其門而入。然經長時期之熏陶，頗覺立身之門徑，與學業之進境似較授課時爲有進步。師一向對同學，多主嚴厲。而對川則獎勵其看小說，俾通達世情，亦猶孔門施教，因人而進退乎。閒嘗一叩師鼓樓寓所，則見四壁書畫，内外肅然，即有留連不忍去之意。

十一年秋間，師將離南京赴陝，任水政，招同行。川欣然從之。時師闔家西返，以道途多梗，曾由靈寶以東之觀音堂折返鄭州，取道平漢、正太二路，始由太原南行，達風陵渡，過河入關。行程一月餘，得詩數十章，自爲平生一快。及至渭北水利工程局，即令率隊入涇谷測量。師亦常自長安、三原兩地來觀工，指導備至，慰勞有加。空谷足音，尤令人心喜。中間曾兩次落涇水中，瀕危未死而病。望池陽師友，如望父母兄弟也。當時有詩云：「壬癸流年值水憂，兩重災難速傳郵。池陽師友遙瞻望，涕泗横流一楚囚。」

十二年春，川任三原工程局內業，師命於業餘授其妹班姑英文，客旅中又得家庭之樂。夏，川返南京娶妻，師贈三十金。川辭，師云：「以此作吃冰淇淋之需」，受之。時陝豫間兵匪横行，鐵路未通，行旅極不便。川不以背井離鄉受痛吃苦而仍繼續工作者，以有師在也。十三年春，師令組織探險隊入涇谷。二月之內，往返于數百里無人煙之窮山僻壤，而卒得到測圖而歸。此心尚有餘快。是年冬，師令赴漢南辦漢江水利工程，時道途梗塞，川一人獨行終南千里，頗有離索之苦。然散關鳳嶺，棧道陳倉，在在均足啟發詩興，反爲行旅之樂。且工地在定軍山麓，武侯墓畔，亦以常聞黃鸝好音爲喜。但陝亂方殷，渭北工停，漢工亦以經費無着，于十四年春中輟。乃廢然欲從漢江南下返浙。師雖屢函招還關中，亦不之顧。即於清明前日動身，然舟行一月餘，沉船三次，歷水程僅三百里。雖探得黃金峽等險地，爲繪圖作説，自鳴得意。然前路正長，風波險惡，土匪徧地，到家無期，不得不捨船上陸，取道子午谷返長安矣。時師長西北大學，命擔任該校工科教課。竊以爲朝夕可親眉宇，計亦良得，遂安之。是年冬，師爲籌大學校款及渭北水利工程經費而出關。青門送別，望柴車而依依。誰料十五年西安八月圍城，與師暌違至一年之久，中間絕糧，致寄食師門。曾記寄食李師家之首章云：「寄食李師家，李師客京華。去年當此際，送別望柴車。西北謀水利，太學計亨嘉。一籌終莫展，客旅苦生涯。徧地干戈起，不得還其家。」川雖不辭枵腹，備嘗艱苦，於亂離中得見工科同學之畢業。然師則在數千里外，欲赴湯蹈火，歸秦而不可得。年終城開重逢，不禁有生死之感。猶憶當時記有詩句云：「兵戈睽隔追隨願，死去憑誰報得知」，又云：「魯連陳義邯鄲解，丁令還鄉城郭移。」時城圍已解，氣象一新。但經大亂之後，陝局百孔千瘡，且當軸鋭意東征，實無暇及水利事業。十六年春，川雖隨師築灞堤，修華清宮池，建革命公園，及計劃西潼鐵路等門面工程，而渭北水利，仍無辦法。師雅不欲虚就陝建設廳長職，棄之如敝履而東去。臨行指引涇計劃圖表等謂川曰：「此一套事物，爲年來心血之結晶，宜付與何人？」川知師意，似特爲託付之計，故慨然允爲管理。但從此以後時局益壞，師既不能歸，川亦不能久羈秦。當時曾于《炎夏喜雨》篇中有句云：「而我正有缺，久不見家山。老母居東海，念子淚潸潸。阿兄新寄書，問我幾時還。金陵寄一妻，愛我至怨訕。我豈不思之，羈旅誰所嫺。祇爲師友情，強留不可删。又爲兵戈阻，不得越關山。更窮無旅費，風袖愧鄉關。我生真不辰，遭此百憂患。憂來還自解，狂詠學癡頑。」又贈別李桐萱太先生詩云：「國家逢厄運，大陸起風塵。百興俱已廢，一事亦無成。先生試靜聽，請爲一一陳。昔年具遠畧，蓬矢射四鄰。五載金陵後，從師入咸秦。本吾饑溺志，焉望沒世名。竭力營渭北，不避艱與辛。測量落涇水，嚴冬值早春。北山居帳幕，淫雨失昏晨。又渡陳倉道，雪霜如白銀。漢江三遇險，幾葬身巨鱗。一事差堪慰，求仁而得仁。無功尚寡過，足以對秦人。九仞爲山日，忽遭風雨頻。飄零失其所，太學講經綸。取子復毀室，炮火蔽重城。畿輔盡瘡痍，京華遍荊榛。人命如芻狗，饑疫益沉淪。累載家書絕，萱堂念老親。我生固蹭蹬，遑論我家貧。不如歸家好，猶得樂天倫。耕田可得食，采山可得薪。桃源避秦地，亂世作幸民。甚感先生厚，甚知先生真。諄諄常教我，後果與前因。入室暫未能，聊以悟自新。行將東入海，嘉惠早書紳。尚戀終南山，情留涇水濱。追隨複何日，天涯萬里身。」即於中秋節南歸。當出長安城，囬顧嵯峨山，有留連不捨之慨。川《東征雜詩》中首章云：「嵯峨鬱鬱表離情，渭北工程尚未成。何日桃林牛馬放，決渠爲雨潤蒼生。」比至金陵見師於第四中山大學，有感事詩云：「自計此生經九死，未期書劍返金陵。說真說夢吾休管，太學師生似舊朋。」又云：「十載師生情誼長，感恩知己不能忘。殷殷問我秦中事，松菊園林尚未荒。」時川妻方畢業東南大學，待予久不至，已赴滬，傳即去粤，予電招之返。師爲卜卦云：「一紙官文火急催，奉行員役迅如雷。縱然目下多驚恐，保爾平安渠復囬。」一日之後，予妻果至，其靈驗大抵類是。時師將入蜀，薦川任第四中山大學教員。十七年秋，師返南京，養病於中山陵園之三茅山。川適在陵園工程處任事，得朝夕存問爲樂。嗣後師任華北水利委員會主席，招川赴天津，令查勘黄河及設置該河水文站事，並以川人地生疏，曾親送至開封，爲介紹當道，特爲吹噓，俾得順利進行其事。十八年春，川以浙江水利局之招，擬赴台州故鄉，建西江及金清二閘。時以閘工急待進行，又恐師不放歸，竟不告而別，匆促南旋。事後又恐師責言，曾託友人在師前說項。而師毫不責其非，且隨時函札往返，教以建閘之要點，俾得完成其功。二十二年閘工粗成，而川則大病，常以家中一母、秦中一師爲戀戀。既療養於西湖之葛嶺，夏日炎炎，師忽登山枉顧，云：「來杭無別事，特爲看汝病，故不先通知。俾汝得意外之喜悦而愈病也。」高情厚意，感激萬分。及伴遊西湖數日後，川將應浙江水利局招，爲赴甌江調查水利發電事，師則諄諄教以建設此項工程之原則甚詳。二十三年，洛惠渠興工，師函招入秦任事。川固以秦中爲第二故鄉，急欲重遊，然以病尚未大愈辭，嘗報以詩云：「病驥常思千里程，可憐伏櫪隱吞聲。壯懷托付東江水，吐氣妬誇北海鯨。少試羸軀當酷暑，原期負重作長征。支離仍失親師望，祇合家山寄此生。」又云：「行舟逆水趕兼程，力竭舵工喘發聲。白浪頭高摧短棹，黄粱夢醒斬長鯨。榮枯得失迷微命，凡杖湖山勝遠征。尚幸未虧兒女債，從容進退盡餘生。」是年初冬，遇師於鎮江焦山之定慧寺，盤桓數日，共覽江天，頗有江山依舊國勢日危之慨。二十四年春，渭惠渠將興工，師復電招爲助。時川與江西水利局有成約，可得高位重薪。然自思維，非富貴中人，雖一向逆水行舟，頗有所成，實得不償失（覺渺小），故仍決定從師遊，冀得相當學識與經驗，藉謀精神之快樂。乃自南昌西行，重入秦。先參觀涇惠渠大功，憶及當年每夢寐中隨師開渠引涇，而土坡高陡，不能通水爲焦慮，及水流過閘，灌及農田，又爲狂喜，今則實地見之矣。因用黃任之先生《遊涇惠渠詩原韻記》詩云：「汪洋澄碧在山泉，出作飛花雨滿天。萬里來源經百折，一堤蓄水挽千漩。相期惠徧關中水，少試功成渭北田。霖雨蒼生懷往哲，千秋事業仗時賢。」繼任職渭惠渠工程處。夏間又大病，師自開封來看予，既東返。蒙寄示《乘隴海鐵路快車東行》詩，奉讀之餘，深知師心之蘊，嘗次韻答之云：「我師東來視我疾，倏忽東去其猶龍。病榻瞻望已勿及，想像數仞隔墻宮。聞因黃禍及東海，席不暇煖別華峯。追憶頻年河屢徙，用師智力挽向東。胼手胝足築金堤，不辭勞瘁烈日中。只爲蘭叢生荊棘，急流勇退聲隆隆。曲突徙薪求心安，焦頭爛額任搖紅。自來薰蕕不同器，看朱成碧自雍容。功罪之口不可封，蓋棺論定爲英雄。中流砥柱足自豪，不管東西南北風。願師努力崇明德，東西睽隔當重逢。昔日秦關百二里，而今鐵道利交通。師若乘桴浮大海，由自好勇即相從。我病漸愈豁心胸，急欲報訊向長空，託付南去之征鴻。」冬，師返陝，朝夕過從，尤得耳提面命之益。每逢困難之事，自計不能斷決者，得師一言，即中理解。二十五年春，師五秩進五生辰，秘不招賓客，擬乘雪約作華清池之遊。因事未果，川賦詩記事云：「雪洗河山綴壽辰，欣逢大地恰回春。朱顏綠鬢成仙侶，玉宇瓊樓淨俗塵。渭水長流波浩蕩，南山極目玉璘珣。舉觴但願人長久，海屋籌添一歲新。」又云：「講座春風樂有餘，華清想像意何如。滔天黃禍將沉陸，霖雨蒼生祇式閭。上壽既非金石固，榮名且演洛河書。濟川舟楫終須用，暫借青門學隱居。」清明前夕，師囑移居其馬廠寓所，予欣然樂。曾記詩云：「春宵如水月如霜，馬廠僑居樂未央。四壁圖書容借閱，清明依舊我思鄉。」「雙十節」水利局新廈落成，中國水利工程學會諸君子，咸集開會，攝影紀念。川曾云，此刻爲陝西水利局黃金時代，師亦首肯，並云：「俟渭惠渠工程完竣，即辭去一切職務，在尚義路新居書齋中，閉門著書，不問世事。無論何人，皆屏之於齋外，以自樂其樂。」此言猶在耳也。「雙十二政變」，師事前赴武郿各工地，籌備渭惠渠放水典禮事宜，及歸以時局不能解決，常終日不樂。曾云：「希望無情炸彈落于頭上，倏忽即死，了卻愁思。」至除夕前一日，始喜形於色云：「國步艱難，如人之患臃腫然，若內毒未淨，決不得愈。此次事變，係國家出淨內毒之日，將走入隆昌之運乎？吾人更當振起精神，爲增加西北生產事業而邁進。暴日之寇我東南，不能亡我國，蓋自來外族之亡中國者，皆自西北而來。若日人大蒙古國大回教國之政策成，即可制我死命，故西北之國防及生產，實爲當務之急。」以今憶昔，可謂知言。二十六年夏，師須赴廬山參加談話會，甚忙，令代編《十年來中國之水利》，限二十日交卷，屆時如期編成，師頗嘉獎。然所有參考書籍，皆得之於師書齋之內也。及師自京飛返陝，時盧溝橋戰事已發生，師將有蘇俄之行，川贈詩云：「白髮朱顔耳順年，踞鞍顧盼擬前賢。匈奴未定家何在，時日偕亡志愈堅。此去交鄰逾朔漠，相期銘石勒燕然。滄桑變易尋常事，憂患當爲天下先。」嗣後交通斷絕，此行未果。常語吾人曰：「戰事初開始，一時之得失，不必介懷。吾人學工，不熟軍旅，自今日起，每日費一小時之工夫，研究軍事。同時須節衣省食，儲費作國家不急之需。吾不信無黨無偏積弱無援之國家，而先遭此暴風疾雨之摧殘，吾不信四萬萬五千萬之民族，即煙消雲滅於地球之上。現敵雖攻我益急，但吾信其決不敢渡過黃河，攻西安。吾人仍照常工作，以求增加後方之生產。」其言論大率類此。渭惠渠大工在抗戰期內，得竟完功者，即本師旨。但遺言猶在，而師之聲音笑貌已不可復接矣。

追憶二十年來受恩良多，報德殊少。深夜思維，徒呼負負。今後敢不竭其綿薄，恪遵遺訓。然未知能繼述千萬分之一與否，思之憮然！

胡步川　一九三九年

改儀師逝世二週年紀念會水利局祭文

嗚呼，光陰荏苒，歲月不居，先生逝世，忽忽二週年矣。本局水利事業，在此二週年中，賴政府極力提倡，籌巨款於萬難之中。全局同仁，均能同心協力，遵照遺囑，切實奉行，計已成各渠灌溉面積，涇渠已擴展至七十餘萬畝，渭渠已達三十餘萬畝。實施清丈註冊後，當可大量增加，梅渠八萬三千餘畝，織女渠一萬餘畝，所可告慰先生在天之靈者一也。黑渠本年夏即可觀成，漢渠已成三分之二，褒渠明年可以竣工。嘉陵江陝境內水道整理工程，本年六月可完竣，所可告慰先生在天之靈者二也。澧、滈、牧、汧、定、雲諸渠，有工款已定者，有在施測者，有在設計者，均經分別進行，可望逐漸完成，所可告慰先生在天之靈者三也。他如先生生前最關切者，渭渠南土壩，二十八年夏，洪水越過大壩頂二公尺，但賴先生在天之靈，終慶安瀾；洛渠五號隧洞困難，現已決定計劃，當可順利進行，期其成功。邇來戰事，捷報頻傳，最後勝利，已在不遠，所可告慰先生在天之靈者四也。水利局因避敵機轟炸，已於去年九月，移興平渭惠渠管理局內辦公，一俟時局稍平，仍當遷返西安原址。以建廳事務叢繁，未克長久住興平，局內外一切事務及工程，均賴全局同仁衆擎之力，得以照常進行，所可告慰先生在天之靈者五也。茲值先生逝世二週年之辰，謹具肴饌，致祭於墓前，並將局中兩年來工作概況，畧爲報告。先生有靈，來格來歆！

周矢勤　一九四〇年三月

改儀師逝世二週年紀念會渭惠渠管理局祭文

維公世族，以儒名家。維公處世，淡泊生涯。不事衒謀，不飾紛華。剛柔有度，質直無瑕。好與公益，熱心辦學。佑啟後人，羣推先覺。創辦河海，招集羣英。口講指畫，姿穎教宏。今日桃李，海內盈盈。繼承遺志，抗建完成。莽莽秦川，主辦水政。關中八惠，親手訂定。涇渭成渠，後先輝映。旱荒無虞，口碑萬姓。治黃導淮，良醫對病。尊榮蔽屣，心潔如鏡。存心爲國，不闕政柄。遇有電召，星夜赴應。遇有咨詢，直言無剩。綜公言行，希賢希聖。嗚呼！天報善人，宜壽而康。疇料一病，竟入膏肓。宏猷未盡，賚志以歿。噩耗驚傳，舉國膽裂。緬懷遺言，頓失圭臬。惟茲渭渠，囑爲管理。敢不黽勉，以赴宏旨。誓與同人，有如此水。任職之初，適當大難。風鶴頻傳，人才分散。對此殘局，徒茲永歎。二年以來，鍥而不捨。任勞與怨，未敢安坐。羅薛簪纓，依然故我。幸賴衆擎，頗收效果。關於抗戰，將及三年。桂南鄂北，近掃狼煙。敵將衰竭，可慰九泉。公之逝世，歷二週天。生寄死歸，靈魂依然。精神所在，徧於陌阡。水老斗夫，咸集墓前。一春一祭，億萬斯年。

周巽　一九四〇年三月

儀師逝世二週年紀念爲水利工程學會陝西分會作輓聯

是河嶽靈秀所鍾，家傳厚德，世慕長才，策籌邦族，書著河渠。及爲國任艱區，門盈桃李，人救江淮，蜚聲華北，著績浙西。晚年治黄，將學理合事實，能勇退以潔身，至歸宿於秦川水土。俾涇渭梅織，次第成渠。洛黑漢褒，相機爲雨；惠澤沾五萬頃赤地，功德並丘山，直若萬家生活佛。

負國家興亡之責，物與民胞，守先待後，立懦廉頑，思饑援溺。當日寇擾東南，盡職投艱，毁家紓難，心瘁神勞，聲嘶力竭。早春寒疾，憤腥羶滿京都，恨烽煙堆大地，竟殉身於浩刧風波。使故吏門生，撫膺太息。斗夫水老，仰首合悲；閭閻哭十七省蒼生，精神難泯滅，永垂千古作完人。

胡步川　一九四〇年三月

爲河海同學會陝西分會作輓儀師聯並序

中華民國二十九年三月八日，爲儀師逝世二週年之辰，同仁齊趨涇陽兩儀閘畔師墓園開會紀念。當過咸陽原，下脩石渡，見涇河之陽，嵯峨仲山之麓，萬千氣象，籠罩吾師墓地。及渡涇，遇大隊棉花車，浩浩蕩蕩而來；至涇陽近郊，則麥田一碧，渠樹千章，皆有欣欣之色。入城，見人民之富庶，街市之繁華，均有長足之進展。此皆涇水之惠，吾師之功。觸感之餘，擬成此聯，錄呈冥鑒。而擬句至「二三子同心協力」之時，不禁淚下，附誌之。

水利已抬頭涇渭，想當年遭逢百折，鍥而不捨，歷十七年慘淡經營，得成就千秋事業；

吾師竟撒手人天，際此日紀念二週，踵事增華，須二三子同心協力，纔繼承一代光榮。

胡步川　一九四〇年三月

渭惠渠管理局輓聯

改儀師逝世二週年紀念會

念往哲創業艱難，仿溝洫制，著河渠書，苦心焦思昭後起；

願吾儕守成惕勵，完稼穡功，收灌溉利，繼志述事慰先賢。

原步青　一九四〇年三月

渭惠渠管理局祭文
李儀師逝世三週年公祭

維中華民國三十年三月八日，陝西省渭惠渠管理局局長胡步川暨全局同仁，謹以清酌庶饈之儀，致祭於李先局長儀祉先生之墓前曰：韶光如駛，歲月不居。先生逝世，忽忽三週年矣。本局成立迄今亦屆三載，爰將三年來之工作概況，約畧報告。竊本局自二十七年一月成立後，除灌溉管理外，即從事各幹渠之延長，及各農渠之增闢，與各項尾工之完成。現灌溉面積，日漸擴大，此渠水量豐富，無不足用之虞。惟攔河大壩南土壩在二十六年大汛中曾經一度沖毀，先生病危時，尚關懷此壩之恢復工程。幸二十七年初，加緊工作，於伏汛以前修理完竣。伏秋嚴加防守，得慶安瀾，年來復建上游挑水壩五座，用資保障。此可告慰於先生在天之靈者一也。前渭惠渠工程處於二十六年十二月底雖告結束，然實際尚未全部完工。值此抗戰建國之秋，亟宜踵事增華，以期增加後方生產，雖財政在萬分艱困之中，仍測量設計，開挖第二、第四兩渠延長工程，均相繼完成，約可增加灌溉農田三萬餘畝。此可告慰於先生在天之靈者二也。渭惠渠灌溉面積，預計六千餘頃，就中受益地畝，有歷三年未經清丈註冊者，農民用水權未定，並常以多報少，致無法統計確數，管理亦因以困難，而國稅收入復受相當損失。嗣經本局擬具計劃，呈請核准後，現正實施清丈註冊，本年内當可完工。此可告慰於先生在天之靈者三也。渭惠渠第一渠自郿縣魏家堡引水東行，至金鐵寨分入第二、第三兩渠；又東行至周村南，分第四渠。各渠流量在平常用水時，容納與宣洩甚爲適合。如遇有特殊情形，則金鐵寨周村一段渠道，常有宣洩不利之弊。歷年管理，深感困難。二十七、二十八兩年，夏間渠水增大，下游渠道頂托之時，均在南莊退水閘上，臨時挖開南渠岸，洩水入漆水河。二十九年夏間，三渠水位增至一公尺八，曾在該渠八公里處決口，幸搶堵得時，未釀巨災。現爲一勞永逸計，擬將金鐵寨周村間一段渠道，加高培厚，業經擬具計劃呈請省政府。又渭惠渠與隴海路平行，渠水越路不易，致鐵路以北農田，不能普沾水利；而尤以咸陽縣境内，鐵路北一萬四千餘畝旱田爲甚。且咸陽北郊，工廠林立，需水亦至殷切。當地農工各界，一再聯名呈請開挖第五渠，以興水利。該項工程，業經測量設計完竣，呈請省政府。以上二項一俟省政府核准，立即興工。此可告慰於先生在天之靈者四也。渭河含沙量甚大，每至百分之五（或百分之十五）即不能放水入渠，而進水閘附近一段渠道，已淤積至一公尺四。二十七年曾舉行沖沙工作，結果良好。但二十八年夏季，農田正需水之際，大渠因含沙量大停止放水，致農產略有損失。現爲挽救此種事實計，擬在郿縣白楊樹村，建一排沙閘，預計下層排沙，上層放水，可保持渠内長年流水。此項計劃，現正在研究設計中。至於局中同仁，在此國難期間，均能刻苦耐勞，克盡厥職。此可告慰於先生在天之靈者五也。

值茲三週年紀念之日，正大地芳春之時，前方捷報，隨春汛以頻傳。先生有靈，自當欣慰。尚饗。

胡步川　一九四一年三月

陝西省水利局祭文

維中華民國三十年三月八日，水利局局長孫紹宗暨全體同仁，謹具香花清醴果品庶饈之儀敬獻於我先局長李公儀祉先生之墓前，而爲文以告之曰：嗚呼！葬先生於兩儀閘畔，轉瞬又屆三年矣。瞻望遺容，曷勝愴感。憶去年今日之紀念，曾將局中二年來工作情形，敘述敬告，以慰先生在天之靈。茲將本省年來水利事業概況，再爲分別撮報。涇惠渠二十九年註冊灌溉地畝七千二百九十餘頃，水費奉令加倍征收，已達五十三萬六千五百餘元。涇陽縣城南，改良鹼地工程，前已完工。寶峯寺渡槽，年久損漏，前特呈准撥款改善，現已完成百分之七十。渭惠渠清丈註冊工作，刻正辦理。二四兩渠延長工程，均已於二十九年先後完竣。近並擬增開第五渠，俟呈准後即行辦理，灌溉地畝當可逐年增加。梅惠渠奉令已於本年一月由本局接管，尚未整理竣事，及應行補修工程，擬即繼續辦理，以期灌溉面積逐漸擴展。織女渠因上年又被山洪沖毀，現正從事整修。陝境嘉陵江水道，初期整理工程，前已蕆事。刻正進行第二期測計工作。漢惠渠工程，如能順利推動，本年五月可望完成。褒惠渠現已完成全工百分之二十。漢南水利管理局，二十七年以省庫支絀，曾奉令一度裁撤。去年四月，又呈准恢復。洛黑兩渠，仍由涇洛工程局主持。黑惠渠去年本可告成，嗣因山洪甚大，致將新修之大壩沖毀甚多，刻正從事趕修。洛惠渠以五號隧洞困難，去年曾決定用鐵旋胎，現正進行實施。定榆兩渠奉令先撥款二十萬，俟組織預算核定，即行籌備施工。澧渠計劃已另行妥擬，本年內可望施工。至澧灞各河堤防，及渭渠南土壩，去夏洪水時期均慶安瀾。以上諸事，均堪告慰。

茲值先生逝世三週年之期，政府籌備公祭，慎重紀念。是先生形骸雖渺，功業千秋不朽矣。本局及各附屬機關全體同仁，在先生墓前，共建石碑一座，以資永久紀念。先生有靈，尚其鑒茲。

孫紹宗　一九四一年三月

輓聯

百世以俟，師道傳授不惑。
三年之外，門人治任將歸。

胡步川　一九四一年三月

爲洛惠渠放水後祭李師儀祉文

維中華民國三十六年十二月十二日，陝西洛惠渠放水典禮後三日，同人等謹以清酌庶饈之儀，敢昭告於李師儀祉之墓曰：關中八水，以師之擘畫，鑿引爲渠。惟洛以商顔善崩，水頽以絕，以武帝之雄才大畧，發卒逾萬，十年未成，似人工之不可期。況抗倭戰起，國步艱難，交通斷絕，舉凡人力物力，極度苦澀，其成功更不可知。又值吾師謝世，記易簀諄諄，惟渭惠土壩，洛渠五洞之未竟爲可悲。同人等，既失師承，肩此重負，惟有黽勉以赴，雖遇盤根錯節，萬怪千奇。而再接再厲，念茲在茲。然流沙潛泉，崩土沒洞，隨挖隨推。改綫鑿井，移洞避水，力竭聲嘶。復天驕敵騎，僅一水之隔，居常風聲鶴唳，曾歷無數次千鈞一髮之危。於今十載，抗倭勝利，花園堵口合攏，洛洞通渠放水，紀吾國水利史實，直可謂千載之一時。今茲告墓，遐想英魂靈氣歡欣鼓舞，早飛騰於鐮山之麓，洛水之湄。嗚呼！自師逝世十年中，大地風雲，邦家擾攘，如水益深，足以表式同人者，如火益熱，傷美人之遲暮，感國運之式微。緬懷吾師真誠之心，剛正之節，果敢之氣，出黑暗而至於光輝。今日兩儀闇畔，臨風想望，僅切孺慕之依依。尚饗。

胡步川　一九四七年

與師詩

荥水河茨青

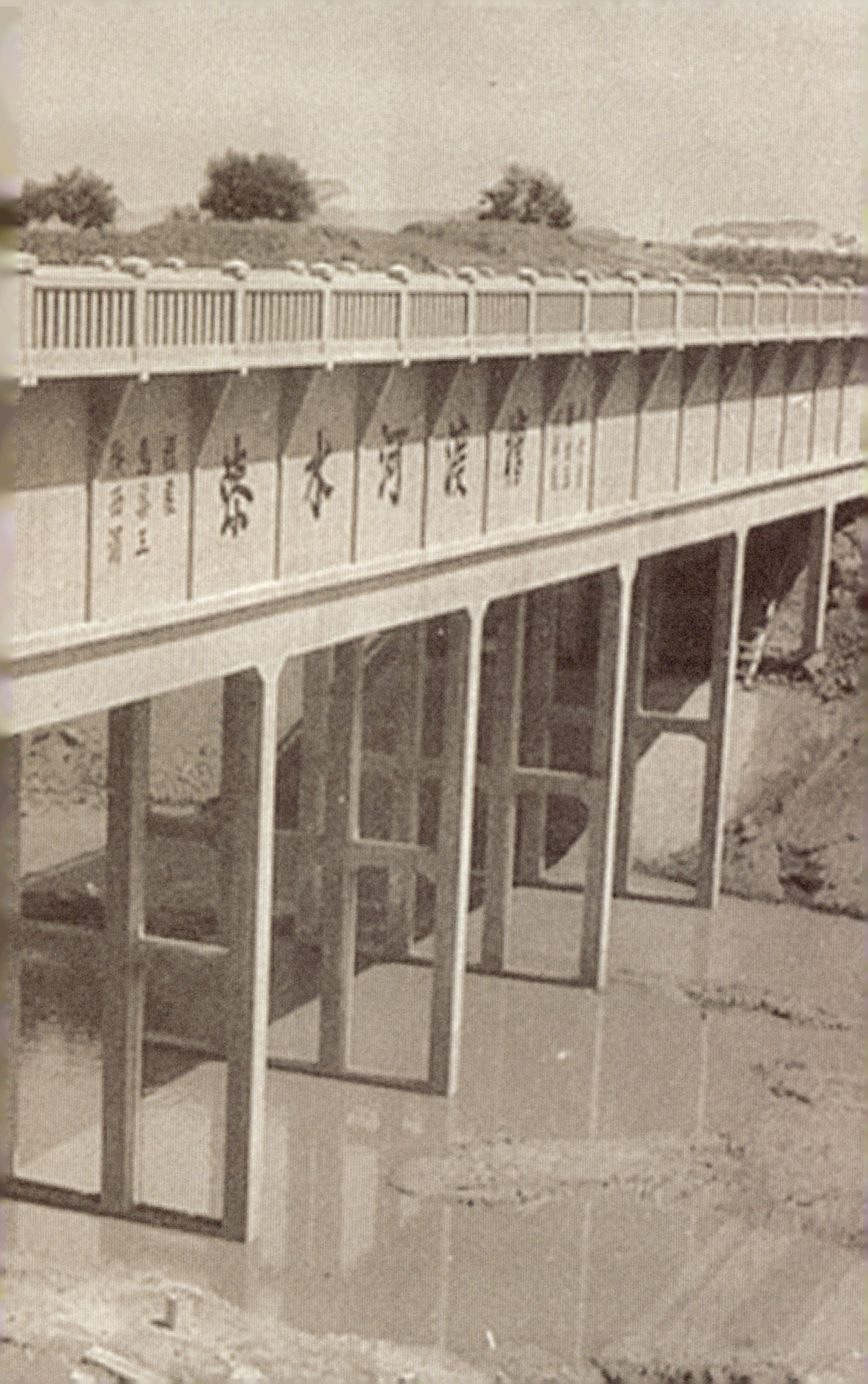

民國七年元旦從李宜之師登鍾山頂由天寶山下至玄武湖二首

（一）

適逢佳節上鍾山，山徑崎嶇屐齒艱。
俯瞰石城微髣髴，倦依岩壁自幽閑。
長江隱隱雲霞裏，大陸茫茫煙霧間。
險阻淒涼人莫愛，予心獨樂不思還。

（二）

巉岩履徧下叢山，疾下趨奔止步艱。
屋舍土田多雅趣，茅亭泉水兩清閑。
路循煙水明湖畔，人在疎林古木間。
元亮桃源差可擬，劉郎心醉欲重還。

長安八月圍城[1]雜詩及詞一百一十首之二十八在秦絕糧寄食李宜之師家中即事凡有十首

（一）

寄食李師家，李師客京華。
去年當此際，送別望柴車。
西北謀水利，太學計亨嘉。
一籌終莫展，客旅苦生涯。
徧地干戈起，不得還其家。

（二）

寄食李師家，浴德澡心靈。
天人不尤怨，三爺屢叮嚀。
眾生固有罪，哭降七殺星。
我輩日懺悔，人已減天刑。
功成者自去，大象轉冥冥。

注：[1]西安圍城事件發生於一九二六年三月至十一月。

（三）

寄食李師家，家庭客旅並。
三婆食我飯，師母飲我羹。
班姑與隼叔，情誼重師生。
賦林及寧洋，親愛如弟兄。
我心悠然樂，不知苦圍城。

（四）

寄食李師家，米珠薪桂時。
一家二十口，無米難爲炊。
我懷杞人憂，每食不展眉。
師伯嘗言我，闔家厚仁慈。
當不致餓死，上天有報施。

（五）

寄食李師家，食時定早晚。
大人有蒸饃，童子祗麥飯。
徧觀他人家，適與之相反。
尤羨無餘言，內外皆和婉。
治國先齊家，自邇可行遠。

（六）

寄食李師家，可誇劉輯五。
長安有三樂，渠言懷想苦。
易俗聽音樂，與我談肺腑。
其一尤戀戀，李師家規矩。
我得日習之，自晨常過午。

（七）

寄食李師家，小園頗幽閑。
東向看驪岫，轉眼見南山。
菜可餐秀色，蔭可任高攀。
菊花滿籬落，園門日常關。
待飯且讀書，夕陽照我顏。

（八）

寄食李師家，群居不寂寞。
三爺講佛道，賦林談耕作。
隼叔說鬼話，長篇言鑿鑿。
寧洋掛假須，嬉戲互雀躍。
我從旁觀之，煩憂化爲樂。

（九）

寄食李師家，自省寧不羞。
不勞而得食，信非丈夫謀。
靖節乞食詩，王孫漂母周。
不得已爲之，千古亦何尤。
而況蔭師門，聊以減我憂。

（十）

寄食李師家，食飯又飲羹。
城圍逾七月，十九不獲生。
我母居東海，我兄會稽城。
我侄學三台，我妻在南京。
城開接我書，四處感高情。

李師宜之自南京歸聞南來訊略知國家大局情形並喜亂離中之能相聚

兵戈睽隔追隨願，死去憑誰報得知。
此曰相逢心洩洩，幾番欲別意遲遲。
魯連陳義邯鄲解，丁令還鄉城郭移。
爲問東南新消息，錢塘醞釀鬩牆時。

一九二七年

與李師及劉治州赴釣耳嘴勘水利經咸陽北原

茫茫四顧渺無邊，策馬咸陽原上田。
秦漢隋唐墳徧地，東南西北麥連天。
雨珠新柳春光嫩，雲彩微陽野氣鮮。
文武周公俱壞土，征誅禮樂羨當年。

一九二七年

江蘇黃任之先生遊涇惠渠作詩次韻並呈李儀祉師

汪洋澄碧在山泉，出作飛花雨满天。
萬里來源經百折，一堤蓄水挽千漩。
相期惠徧關中水①，少試功成渭北田。
霖雨蒼生懷往哲，千秋事業仗時賢。

附黃任之②先生詩：

萬峯深處響飛泉，不信人工竟勝天。
大脈平行仍挹注，伏流忽現幾洄漩。
三年奮鍤千夫汗，一碧禾錦萬頃田。
盡力溝洫我何間，敢將工拙較前賢。

一九三五年

注：①儀師有興建關中八惠渠之倡議，現涇惠渠早成，洛、渭二惠渠亦相繼進行，餘五惠渠較小，則更易爲力。
②黃任之：黃炎培先生，字任之。河海工程專門學校創辦時任籌備主任。

病中讀李儀祉師乘隴海鐵路快車東行詩次韻

我師東來視我疾，倏忽東去其猶龍。
病榻瞻望已勿及，想像數仞隔牆宫！
聞因黄禍及東海，席不暇暖别華峯。
追憶頻年河屢徙，用師智力挽向東。
胼手胝足築金堤，不辭勞瘁烈日中。
只爲蘭叢生荊棘，急流勇退聲隆隆。
曲突徙薪求心安，焦頭爛額任搖紅。
自來薰蕕不同器，看朱成碧且雍容。
功罪之口不可封，蓋棺論定爲英雄。
中流砥柱足自豪，不管東南西北風。
願師努力崇明德，東西暌隔當重逢。
昔日秦關百二重，而今鐵道利交通。
師若乘桴浮大海，由自好勇即相從。
我病漸愈豁心胸，急欲報訊向長空，
託付南去之征鴻。

附李師詩：

蜿蜒雙軌幾千里，我乘長車似乘龍。
雲蔽長安愁不見，隨人指說漢唐宮。
灞橋楊柳何須折，頷首三呼太華峯。
黃河北來自朔漢，與我期乎首陽東。
並駕齊驅相競走，君過三門我洛中。
山面削成頻掠鬢，雷鳴澗底乍隆隆。
忽焉陰晦入地獄，忽焉柳翠與花紅。
原田歷歷雜芳樹，近者疾奔遠從容。
關口丸泥未可封，崤函虎牢失其雄。
鄭衛許陳成一片，列國諸侯拜下風。
與君揮袂兮蘭封，別矣黃河會再逢。
徐州是汝舊遊地，若逢故舊信可通。
沂沭迎我鞠其躬，嗟爾小子來胡從。
我來東海披襟胸，西北莊爵吐長空，
化爲渺渺之飛鴻。

一九三五年

八一　與師詩

涇惠渠頌並序

陝西爲天府之國，號稱陸海，顧地勢高燥，雨澤不均，自秦用鄭國開渠，西自谷口，循北山，絕冶清漆沮諸水，東注洛，溉田四萬五千頃，關中始無凶歲，是爲引涇利民鼻祖。漢太始初，趙中大夫白公，以堰毀渠廢，上移渠口，引渠東行，由櫟陽入渭，改名白公渠，溉田四千五百頃。以今考之，鄭多而夸，白少而實。自漢迄明，代有修改，皆以堰口毀壞而上移；清乾隆二年，以涇水毀堤淤渠，於大龍山洞中，築壩拒涇引泉，改稱龍洞渠，溉田減至七百餘頃。清末渠身罅漏淤塞，溉田僅二百餘頃，利棄於地，殊可惜也！民國初建，臨潼郭希仁與蒲誠李儀祉，屢謀續鄭白功。九年渭北大旱，富平胡笠僧等，復建議引涇，設立渭北水利工程局。十一年夏，李儀祉回陝，長水利局，兼渭北水利工程局總工程師，命其門人劉鐘瑞、胡步川，組織測量隊，測量涇河及渭北平原，繼命須愷等，設甲乙兩種計畫，並議借賑款施工，既以兵禍中止。十七年後，陝復大饑，死亡無算。陝當道宋哲元，與北平華洋義賑總會，議舉引涇大工，卒未果。迨楊虎城主陝政，復邀李儀祉回陝，襄陝政，兼長建設廳，由陝政府籌款四十萬元，華洋義賑總會籌四十萬元，爲引涇工費，復得檀香山華僑捐款十五萬元；朱子橋先生捐水泥二萬袋；中央政府撥助十萬元，合力開工，議遂定。於是義賑總會擔任上部築堰鑿洞擴渠引水等工程，美人塔德任總工程師，挪威人安立森副之。陝政府擔任下部開渠設斗建築橋閘跌水等分水工程，李儀祉任總工程師，其門人孫紹宗副之。自十九年冬至二十一年夏工始訖，即於是年六月中旬舉行放水典禮，邀請海內外名流參觀，頗極一時之盛；而渭北荒廢之區，得以重沾膏潤，人民歡呼，是爲第一期工程。其後三年內，復賴北平華洋義賑總會與上海華洋義賑會及全國經濟委員會之資助，由涇惠渠管理局完成第二期工程，召劉鐘瑞來陝襄工事，如修補攔河大堰，建築引水退水閘，挖掘支渠，修理幹渠，俾引水分水工程臻於美善；管理方面，如保護管道，改良用水及灌輸人民灌溉常識，亦次第進行。至本年夏至，溉田已增至六千餘頃，將來計定蓄水方法，人民用水得當，猶可浸潤擴充；雖鄭國陳跡不可復得，而白公之澤則已恢復而光大之矣。頌曰：

秦用鄭國，開渠渭陽，關中以富，秦賴以強。越四百年，渠毀待修，漢白公起，比美千秋。
曆宋元明，代有改築，渠口上移，入於深谷。有清一代，利用山泉，改名龍洞，僅溉低田。
鼎革以還，渠更淤漏，饑饉連年，莫之知救。追懷前哲，思繼古人，郭胡倡始，李主維新。
涉川登山，遠逾谷口，計熟圖詳，絲毫不苟。籌借振款，即待興工，胡天不弔，適降兵凶。
擾擾數年，庶政俱廢，救死不暇，遑論灌溉。天心厭亂，寓振於工，華洋集款，得竟全功。
二十一年，六月中旬，放水盛典，中外觀欽。自後三年，設管理局，管道修護，朝夕督促。
民享樂利，實涇之惠，肇錫嘉名，流芳百世。洛渭繼起，八惠待興，關中膏沃，資始於涇。
秦人望雲，而今始遂，年書大有，麥結兩穗。憶昔秦人，逃荒四方，今始歸里，村堡生光。
憶昔秦人，饑寒交迫，今漸富庶，左棉右麥。秦俗好強，民族肇始，既富方穀，人知廉恥。
登高自卑，行遠自邇，復興農村，此其嚆矢。

一九三五年

丙子正月初三日①爲李儀師生辰時大雪初霽河山一新曾相約作華清池之遊因事中止作詩記事二首

（一）

雪洗河山綴壽辰，欣逢大地恰回春。
朱顏綠鬢成仙侶，玉宇瓊樓静俗塵。
渭水長流波浩蕩，南山極目玉璘珣。
舉觴但願人長久，海屋籌添一歲新。

（二）

講座春風樂有餘，華清想像意何如。
滔天黄禍將沉陸，霖雨蒼生衹式閭。
上壽既非金石固，榮名且演洛河書。
濟川舟楫終須用，暫借青門學隱居。

一九三六年

注：①民國二十五年一月二十六日。

清明之夕李儀師招住其馬廠舊居即事

春宵如水月如霜，馬廠僑居樂未央。
四壁圖書容借閱，清明依舊我思鄉。

一九三六年

咸陽道上與李儀師同車赴渭惠工次

暮春新雨後，麥菜透陽光。
千頃平原碧，幾條壓綫黃。
風清人意爽，路滑汽車慌。
歷碌驚雙耳，行行傍遠崗。

一九三六年

從儀祉師自西安乘火車赴武功①

如黛南山襯白雲，雪山歷亂可平分。
涼風雨後棉苗翠，大好山原錦繡紋。

一九三六年

擬送李師儀祉赴蘇俄

白髮朱顏耳順年②，踞鞍顧盼擬前賢。
匈奴未滅家何計，時日偕亡志愈堅③。
此去交鄰逾朔漠，相期銘石勒燕然。
滄桑世變尋常事，憂患當爲天下先。

一九三七年

注：①長安以西隴海鐵路新通車。
②師年五十五歲。
③時蘆溝橋事變發生，李師方從廬山談話會歸，即將赴俄聯絡邦交。

三月十一日曉送李儀師靈柩赴涇陽安葬西京各界公祭於西關憶及二十五年十月三日送仲特太先生之詩因用原韻

靈車曉發值春晴，依舊街燈分外明。
兩代重喪摧魯殿，三年二度哭秦京。
遺留人世維公德，永別師顔繫我情。
巷陌依依瞻旅櫬，西關擁祭斷人行。

一九三八年

哭李儀師三首

（一）

引渭功成退急流，竟爲讖語慟千秋。
興平除夕團餐聚，豐鎬新春駕鶴遊。
噩耗傳聞驚舉國，遺言繼述付吾儔。
江河治導誰問業，四顧茫茫湧杞憂①。

（二）

廿年几杖喜追隨，時雨春風憶我師。
功業文章嫌少助，氣求聲應感相知。
矯情別去因公促，冒雪歸來見面遲。
木壞山頹身莫贖，頻頻握手記臨危②。

注：① 師嘗言：渭功告成，即閉户著書，不問世事。又二十六年除夕，師赴興平管理局，集諸同人聚餐，慶渭工告成，以留紀念。二月前事耳。

② 予于三月三日，自興平赴西安，看師病。因渭惠渠管理局初成立，百端待理，曾于六日返局，師尚握手爲別。及八日冒雪赴省，離師沒時已半小時矣。

（三）

兩儀閘上涇渠畔，負土爲墳慰苦辛。
流水高山聲已杳，蒼生霖雨惠常新。
國仇未報生前恨，壯志期成後死身。
此刻隨棺送葬者，不期而會五千人①。

一九三八年

注：① 涇惠渠兩儀閘上葬地，係師遺命，以該渠爲師功業之出發點也。予憶民國十一年，從師至其處。師云：將來涇渠功成，人民必建予廟，而以贊助此事者爲配享。現送葬者至五千人之多，師心當少慰。

儀師逝世週年紀念日記感

長別忽經年，艮齊逐物遷①。
音容成縹緲，咳嗽隔人天。
治水循遺囑，抗倭猛着鞭。
相期勝利日，急報達重泉。

一九三九年

渭惠渠管理局十景之一
華堂思哲——儀祉堂

新成大廈亦輝煌，故命嘉名儀祉堂。
飲水思源應紀念，先賢事跡莫相忘。

一九三九年

注：①時艮齊藏書以避敵機轟炸，運藏蒲城。

西江月·和趙寶山先生感懷儀祉師先生次韻

（一）

大德守先待後，水功霖雨蒼生。
振衰起廢掌權衡，生佛萬家錫慶。
報國丹心貫日，潔身白水爲盟。
等身著作已完成，丘隴可甯幽夢。

（二）

君子死以爲息，精神不與淪亡。
涇渠渭滄自流芳，泉水亦名廉讓。
先哲流風餘韻，千年皋壙生光。
仲峰高聳涇汪汪，俎豆河山供上。

一九三九年

儀師逝世二週年紀念改詩①

絳帳聆音道貌親，杏壇露冷兩經春。
遺書誦讀河渠舊，水政施行溝洫新。
惠澤長流揚四瀆，大功利濟徧三秦。
權衡霪旱兼天巧，廣廈爲懷拯萬人。

張景星

河渠山海著名家，禹跡茫茫度歲華。
人救江淮登衽席，渠開涇渭利桑麻。
大星失墮留遺囑，白雪紛飛慟落花。
吾黨追思垂兩載，閭閻頌德正無涯。

常　均

注：①作者均爲李師弟子及追隨多年之同事。

先生老去好歸真，自在長眠遠六親。
杖履生塵春二度，音容回首歲三新。
猶疑南國違清誨，恍若東山作隱淪。
萬里歌殘思未已，仲山遙望倍傷神。

李燦如

前年警報擾西京，斗宿搖搖此日傾。
涇渭成功酬夙願，江河待治負生平。
關中黎庶歌遺德，海內人文頌盛名。
回憶興平諄訓語，怎教俯仰不傷情。

吴鐘華

患道從來不患貧，但求水利裕蒸民。
江淮工舉任勞怨，涇渭渠開慰苦辛。
桃李爭妍彌八表，棉禾挺秀徧三秦。
宏猷未盡身先逝，黎庶于今淚濕襟。

周　巽

畚鍤成渠爲禦荒，那知萬祼報烝嘗。
伊誰倡首建祠宇，我亦陳詩譜樂章。
數字褒揚榮袞冕，春來肅拜薦馨香。
兩儀閘上一片土，也共先生百世芳。

周　巽

彪炳事功人勝天，音容莫覩又經年。
黃淮大計勞規畫，涇渭流芳映後光。
觸目枌榆堪墮淚，逢春桃李共爭妍。
關中沃野連千里，不死精神徧陌阡。

原步青

儀師逝世二週年紀念會後兩儀閘畔晚眺二首

（一）

兩儀閘畔立斜暉，日薄西山胡不歸。
聯幃收空遺故土，賓朋散盡賸空圍。
白雲蒼狗人間世，功業文章大纛旗。
揖別師墳留一歎，河山依舊昔人非。

（二）

水聲汩汩影依依，暮靄蒼茫腹已饑。
難得勾留當此夕，徒勞想像悟先機。
長渠綠野春無際，浩劫紅羊願盡違。
萬里家鄉隔烽火，白雲親舍望歔欷。

一九四〇年

讀與平馮孝伯題李儀祉先生學術論文後次韻

憶昔受書讀禹貢，厥田上上祇稱雍。渠廢河淤水失利，十年九旱民悲慟。
涇渭成渠灌地高，築壩設閘建渡槽。莽莽秦川始佈惠，赤地千里如脂膏。
人言吾師百夫特，思溺思饑自憫惻。慘澹經營二十年，贏得三輔滿棉麥。
陝南陝北計利匀，更令沙漠得長春。漢水褒河皆化雨，始信天工不如人。
秦人沐德飲芳醪，修祠立廟祈英豪。記師立身履清潔，記師立志不折撓。
記師教人溫而嚴，想像當日列崇班。手澤猶新語在耳，忽成贉水與殘山。
惟茲渠水豔春華，膏沃大地卉含葩。不死精神如此水，萬人感德萬人嗟。
紀念二週留一紙，海屋添籌誌生死。繪圖列表紀水功，藉作秦中河渠史。

一九四〇年

儀師逝世三週年公祭記感

國府褒揚令，生平事蹟傳。
抗倭連五載，公祭越三年。
靈氣留涇水，英魂護渭川。
相期平浩劫，斗酒慰長眠。

一九四一年

七月十一日與沈百先、雷曉風、劉世音、顧子廉、丁貽仲諸同學謁儀師墓記感

禫祭於今近半年，又臨斯土又茫然。
緬懷講座言猶在，一別靈山信不傳。
昔日雪風入墓穴，今朝桃李萃墳前。
田禾渠樹連天碧，不死精神寄陌阡。

一九四一年

涇惠渠上儀祉學園校歌

仲山之麓，涇水之濱，兩儀閒畔臥哲人。
渠樹千章，禾棉萬頃，涇渠之惠公之靈。
既庶且富，整舊謀新，又加以教進文明。
仰高鑽堅，保泰持盈，惟有志者事竟成。

一九四二年

爲李儀祉師繪遺像題詩

五載念師情，悠悠望羽旌。
精神應不死，笑貌亦如生。
講座千言在，靈山萬里程。
惟將一管筆，寫色並描聲。

一九四三年

涇陽兩儀閘謁李儀師墓並示涇渭後生

憶昔從師始入秦，遐荒赤地闢荊榛。
廿年慘淡經營後，八惠恩波相繼新。
柳色重繞秦地綠，禾光如見越溪春。
翻山移水承先志，飲水思源待後人。

一九四三年

渭惠渠七哀詩①·李儀師

病榻支離握別間，師生情誼重如山。
艮齋閉戶著書語，一念當時淚自潸。

一九四四年

注：①渭惠渠自二十四年開工，至今僅十載，師友已死七人，既痛逝者行自念也，因作七哀詩。

儀師逝世七週年紀念日爲畫像並題詩

社稷繫安危，蒼生感溺饑。
廿年恩似昨，七載去如馳。
聊借丹青意，爲留松柏姿。
念公難復見，擲筆自尋思。

一九四四年

乙酉初冬兩儀閒八謁李儀師墓

分手靈山已八年，止戈大地一欣然。
隻雞斗酒兩儀閒①，木落渠清十月天。
涇水無波流厚澤，仲山有幸續前緣。
復員事業從今起，建設當能慰九泉。

一九四五年

注：①二十八年祭師文有抗戰勝利之日當以隻雞斗酒告墓。

除夕前三日夜復夢李儀祉師二首

（一）

長安易簀九年終，未料餘生復見公。
今夕相逢臨渭上，一沾時雨坐春風。

（二）

三秦水利日方隆，二十年來盡樸忠。
窮變則通真理在，無風無浪望成功。

一九四七年

洛惠渠十首之一

洛惠渠頭龍首壩①，先師當日錫嘉名②。
武皇龍骨今何在，滚水蕭蕭澈底清。

一九四七年

注：①龍首壩即老洑水壩，長一七七公尺，高一六・二公尺。
②李儀師曾作《洛惠渠錫名記》以繼漢墮緒，故以龍首为壩名。

師與水利老照片

（胡步川攝）

李儀祉组建的河海工程專門學校測量隊測量江陰東橫河　民國九年（1920 年）四月

1935 年秋李儀祉探望在杭州養病的胡步川

民國二十四年（1935年）六月廿七日中國水利工程學會陝西分會成立（前一排左三爲李儀祉）

渭惠渠工程現場（右二戴禮帽穿長衫者爲李儀祉）

攔河大壩南翼墻（左三爲李儀祉，1936 年 7 月）

李儀祉在某渡槽工地上（前戴禮帽穿長衫者爲李儀祉）

蔡劉村第三號跌水工程施工時（上方左三戴禮帽穿長衫者爲李儀祉，1936 年 6 月 28 日）

李儀祉靈柩入葬時情形（1938 年 3 月 11 日）

李儀祉塚

胡步川先生在渭惠渠管理局儀祉堂紀念碑前（1940 年）

渭惠渠管理局內的儀祉碑（1947 年 4 月）

胡步川先生於渭惠渠管理局儀祉堂前（1947 年 5 月）

渭惠一渠

渭惠渠施工現場

渭惠渠引水沖刷二閘全部完工（1936 年 8 月 25 日）

渭惠渠第一渠閘全景（1936 年 10 月）

渭惠渠涞水河渡槽（1936 年 8 月）

渭惠渠引水闸（1936 年 10 月）

渭惠渠引水閘（1936 年 10 月）

渭惠渠兩儀閘

涇惠渠施工現場

梅惠渠攔河大壩

濟惠渠渡槽（1937 年秋）

洛惠渠大壩上碑亭

梅惠渠引水閘及沖刷閘

黑惠渠大壩（1941 年）

黑惠渠大壩施工現場（1941 年）

漢惠渠大壩施工現場

豐惠渠大壩

1940 年漢惠渠大壩已經完工一半

出版後記

二〇一九年十二月，在水利部公布的十二位「歷史治水名人」中，李儀祉先生位列其中。先生被認爲是中國水利從傳統走向現代過渡階段的關鍵人物之一，被譽爲「中國近現代水利奠基人」。

李儀祉（一八八二—一九三八），名協，字儀祉，陝西省蒲城縣人，歷任南京河海工程專門學校教授、陝西水利局長、華北水利委員會委員長、黃河水利委員會委員長等職。《李儀祉先生年譜》對其一生進行了準確和完整的概述，讓我們得以了解水利先驅不平凡的人生經歷。書中，我們可以看到李先生在國外有感于當時國内水利頹廢、旱灾頻繁，遂立下振興水利之志；在軍閥混戰之時，李先生爲了籌措工程經費，冒險東奔西走，争取各方面的援助；作爲水利教育家，他翻譯了衆多國外水利專著，編寫了大量水利教材，填補了當時水利教育的空白，還著有相當數量的學術專著，在當時國際上都有一定影響力；爲了關中大地的百姓，他帶領胡步川等一衆學生在陝西興修水利，先後提出關中八惠工程計劃，部分工程一直沿用至今。李先生爲師，做到了傳道授業解惑，而胡步川先生等學生也做到了「説義必稱師以論道，聽從必盡力以光明」，正是這樣一種傳承精神，使得胡先生等人在李先生逝世後依然堅持他的理想，完成他的遺願，也才使得中國的水利事業後繼有人，不斷壯大。

《李儀祉先生年譜》最早成書于一九四八年，是胡步川先生爲了紀念恩師所作，祇有少量油印本存世。新中國成立後，曾有兩個版本，但是由于資料來源不一，與原始的油印本存在部分出入。爲了緬懷這位河海的先賢，我們聯系胡步川先生的外孫女劉小梅女士，與其多次探討後，她决定拿出珍藏的油印本交予我們重新編輯出版，以饗讀者，特别是滿足水利史研究者及河海師生的渴求。

劉女士從事編輯工作多年，在本書的策劃和編輯過程中，她爲我們提了許多寶貴的意見，花了大半年時間伏案整理并貢獻了許多珍貴的資料與圖片，許多都是近七十年來首次對外展示。此次重訂出版，在保留原文的基礎上，加入胡步川先生等人在李儀祉先生去世後撰寫的祭文與挽聯、胡先生創作的與李先生有關的詩文以及二十世紀三十年代拍攝的工程照片等，這樣既可以豐富本書的內容，也讓本書更有深度，其史料價值尤爲珍貴。

爲了盡最大可能地保存原油印本的風格，我們采用了繁體字竪排版式。但也正因如此，我們在編輯過程中，遇到了極大的挑戰。大量的繁體字、异體字以及典故等，對于我們來説相當陌生，爲了弄懂它們的意思，我們需要翻閱大量資料，查找古籍，請教同行，因此，在不斷克服困難的同時，我們也從中學到了許多專業知識，自己的編輯能力得到了鍛煉。最終正是在校領導及出版社同仁們的支持與鼓勵下才使得本書的編輯工作順利完成，使之得以及時付梓。

近代以來，以李儀祉先生及其學生爲代表的老一輩河海水利人爲了國家和民族的利益，懷着「横流浩劫永斷絶」的初心和「拯救數兆黎」「毋負邦人期」的使命，篳路藍縷，披荆斬棘，開創了中國水利建設事業和中國水利高等教育事業。今天由我們河海大學出版社編輯出版的《李儀祉先生年譜》，在緬懷、紀念李儀祉先生和胡步川先生的同時，更是要牢記并傳承他們的初心和使命，在新時代的長征路上繼續前行。

二〇一九年十二月